| 来 | 华 | 短 | 期 | 汉 | 语 | 进 | 修 | 教 | 材 |

速通汉语

Expressway to Chinese

许金生 胡文华 吴中伟 主编
许金生 许 静 编著

初级

U1007070

3

北京语言大学出版社
BEIJING LANGUAGE AND CULTURE UNIVERSITY PRESS

图书在版编目（CIP）数据

速通汉语．3 / 许金生，胡文华，吴中伟主编；许金生，许静编著．-- 北京：北京语言大学出版社，2019.7

ISBN 978-7-5619-5452-2

Ⅰ．①速… Ⅱ．①许… ②胡… ③吴… ④许… Ⅲ．①汉语－对外汉语教学－教材 Ⅳ．① H195.4

中国版本图书馆 CIP 数据核字（2019）第 098829 号

速通汉语 3

SUTONG HANYU 3

排版制作：北京创艺涵文化发展有限公司
责任编辑：张维嘉　　英文翻译：许　静
英文编辑：侯晓娟　　插图绘制：李慧麟
责任印制：周　燚

出版发行：北京语言大学出版社
社　　址：北京市海淀区学院路 15 号，100083
网　　址：www.blcup.com
电子信箱：service@blcup.com
电　　话：编辑部　8610-82303647/3592/3395
国内发行　8610-82303650/3591/3648
海外发行　8610-82303365/3080/3668
北语书店　8610-82303653
网购咨询　8610-82303908
印　　刷：天津嘉恒印务有限公司

版　　次：2019 年 7 月第 1 版　　印　　次：2019 年 8 月第 1 次印刷
开　　本：880 毫米 × 1230 毫米　1/16　　印　　张：9
字　　数：169 千字　　定　　价：48.00 元

PRINTED IN CHINA

编写说明

汉语进修教学，可分为强化型和普及型两种，本教材为普及型汉语进修教材。本教材主要面向来华短期进修教学项目，也适用于国内外其他各类普及型汉语进修教学项目。教材的初、中、高三级既相互衔接，又具有一定的独立性，可根据需要单独使用；学习者可从头学起，也可以从其中某一册学起。

普及型短期进修教学的主要特点是：教学周期相对较短，学习者课外学习时间有限，学习者的学习动机和学习需求差异较大。本教材遵循汉语作为第二语言教学的教材编写基本原则以及汉语教材编写的发展趋势，针对普及型短期进修教学的上述特点，在编写中着力体现以下特点：

1. 以任务为载体，兼顾结构、功能、文化。

结构、功能、文化相结合，是汉语作为第二语言教学遵循的基本原则。结构、功能、文化相结合的载体，就是任务，即交际活动。本教材按照从输入型任务到输出型任务的顺序，通过任务活动促进语言的输入和输出，完成相应的教学目标。

在语言点的安排上，本教材尽量照顾到语法结构教学的系统性。在语境设计上，注意贴近学习者生活，突出实用性。在内容主题的选择上，密切反映中国当代社会特点，体现时代气息。在文化因素的处理上，兼顾世界文化的共通性和中国传统文化的独特性。

2. 听说为主，精泛结合。

总的来说，本教材属于综合教材，以发展学习者的汉语综合运用能力为目标。但考虑到短期进修教学的特点，在技能培养上以听说为主，兼顾读写。初级阶段 1 ～ 4 册的所有教学内容，均为汉字和拼音对照形式，以适应部分学习者技能发展不平衡的情况，以及不同学习者对技能发展的不同需求。使用者可根据实际情况对读写技能培养确定相应的教学目标。

在中高级阶段，本教材在设计上体现精泛结合的理念，特别是高级阶段，对于聆听和阅读任务中的词语和结构，不要求全部掌握，为学习者的自主学习留出足够空间；同时，在完成理解性和表达性任务过程中，注意学习策略的培养。

3. 注重课堂教学的操作性。

教材编写的过程化，是教材编写的发展趋势。所谓过程化，就是通过练习和活动设计逐步推进教学目标的实现，使教材的内部结构与实际课堂教学的过程基本一致，这样有助于更好地实现教材的设计理念和设计目标，也减轻了教师在教学设计上的压力。当然，学习者的特点千差万别，有经验的教师完全可以根据具体情况对教材中的设计安排进行灵活调整。

4. 在难度和容量上保持足够的适用空间。

短期进修教学，教学周期相对较短，或为 1 ～ 2 周，或为 1 ～ 2 个月；另外，中国国内各大学的短期班一般是每天 3 ～ 4 课时完成 1 课的教学任务。因此，我们把每册容量定为 10 课。如果每天 1 课，每周 5 天，则每册可供 2 周学完。每课主要内容的设计课时为 3 课时，但每课均配有“延伸活动（或拓展练习）”，可供第 4 课时使用。这样的设计，便于不同教学周期、不同课时量的教学项目灵活选用。

另外，本教材虽然跨越初、中、高三个等级，但限于容量，不可能出齐各级全部词汇和语言点，为了保证与各册总体难度等级相适应，初级阶段该出而未出的部分词语和个别语言点，在中级阶段不再作为生词和新的语言点处理，高级阶段则根据精泛结合的原则，仅对本阶段重点词语、重点格式进行处理。

本教材共 12 册。难度上与 HSK 等级的大致对应关系为（容量上不完全覆盖各级内容）：

本教材	初级	中级	高级
	1 ～ 4 册	1 ～ 4 册	1 ～ 4 册
HSK 相应水平	1 ～ 3 级	4 级	5 级

教材由三位主编合作主持编写工作，具体分工如下：

许金生，负责初级 1 ～ 4 册；

胡文华，负责中级 1 ～ 4 册；

吴中伟，负责高级 1 ～ 4 册。

本教材出版前已在复旦大学国际文化交流学院暑期班试用，并根据试用反馈进行了修改，但肯定还存在许多疏漏、不足之处，敬请各位同行、老师批评指正！

编者

2019 年 3 月

本册使用说明

本书为《速通汉语》第三册，与本系列教材的第二册相衔接，学习者应该已经掌握400个左右的汉语词汇，具备一些基本的汉语语法知识。

总体安排

本册适用于初级阶段综合课教学，重点培养学生的听说技能和口头交际能力，兼顾读写技能。

编写理念主要体现为以任务和活动为载体，重视交际互动，通过由易到难的活动设计不断推进教学目标的实现。教学活动的编排按照从输入型任务到输出型任务的顺序，每一课语言点教学后都设有后续跟进的交际练习活动，旨在通过一系列由控制式交际活动、半控制式交际活动，到自由输出式交际活动的设计，逐步推进教学目标的实现，以使学生全方位、多角度充分熟悉当课语言点及常见的使用搭配，并在不断的交际互动中逐渐获得使用简单的语言进行基本交际会话的能力。

建议教师尽量根据教材编排的顺序，即热身→词语→语言点→课文→活动→拓展练习组织教学，也可按照具体情况灵活微调。

1. 热身

“热身”为每一课教学的引入部分，教师可用10分钟左右的时间，通过师生之间或学生之间问答的形式引导学生复习旧知识，唤起对新知识的学习动机，自然过渡到新课的学习。

2. 词语

每课生词为20个左右，建议使用20分钟左右时间进行教学。教师可先领读生词，然后按顺序讲解生词，对于重点生词应通过形式多样的互动方式引出词语的典型用法，并带领学生操练，最后给学生5分钟时间完成生词填空练习，教师扼要讲评。

3. 语言点

每一个语言点都设计在有意义的对话中，使学生在具体的语境中感知语言点的意义，并通过大量的例子加深其认知。教师可通过领读例句引导学生关注语言形式并理解其意义，在此基础上归纳语言点功能及形式，继而进入后续的“活动”环节。学生两人一组活动，教师巡视并随时指导。小组练习后，教师可请不同小组的成员具体展示并给予反馈。学生通过从控制式到半控制式的任务活动，在具体语境下尝试实践新的语言点，循序渐进，从懂到会，真正学会在交际中正确使用语言点。该板块建议用30分钟左右完成。

4. 课文

课文教学板块包括2篇对话，每篇对话前都配有听力练习。课文内容由浅入深，以提供更多词语及语言点的复现机会。在学习课文前，先以听力练习的形式引入，意在激起学生的学习积极性和挑战性，同时进一步巩固新学词语与语言点。需注意的是，做此练习时学生不得看课文，教师应在学生充分理解问题的基础上再播放录音。一般情况下建议听 2 遍，听第 1 遍时可放慢播放速度。在核对答案后，教师可以领读或让学生跟读录音、分角色朗读等。该板块建议用 40 分钟左右完成。

5. 活动

本环节为自由输出式活动，建议用 20 分钟完成，目的是使学生在前几个阶段学习的基础上，通过完成真实的交际任务获得运用汉语进行会话的交际能力。教师可根据任务要求让学生分组活动，教师巡视并提供指导和帮助。活动完成后，教师请各小组分别展示，并根据展示内容向其他小组提问，必要时，针对偏误进行进一步的操练。活动过程中可对小组进行重新组合，变换组员，使学生能有足够的机会跟不同的伙伴互动。作为课后的巩固和跟进，教师可增加基于微信群的学习活动，鼓励学生通过语音留言的形式完成口头表达的作业，提高其口语表达积极性和参与性，从而巩固学生的交际会话能力。

6. 拓展练习

如果日课时为 3 课时，这一板块作为课后作业；如果是 4 课时，则第 4 节课使用。此板块为学生提供包含本课语言点及主要词汇的听力理解及阅读理解的练习。具体而言，第一部分为听力练习，教师可引导学生先看题目，大致了解所听内容的对话情境、人物及话题内容。教师可根据学生的听力情况决定播放录音的次数，建议通过与学生互动的方式检测学生是否完全听懂。第二部分为阅读练习，学生正确完成后，如果时间充裕，可以让学生复述短文内容。

以上建议仅供各位教师参考，教师可在教学实践中根据本校课时安排、教学对象特点、学生需求、课堂实际情况等多方面因素进行调整，灵活取舍，以求取得最佳的教学效果。

语法术语缩略形式表
Abbreviations of Grammar Terms

缩略形式 Abbreviation	英文翻译 English	中文名称 Chinese
A	Adjective	形容词
Adv	Adverb	副词
Conj	Conjunction	连词
M	Measure Word	量词
N	Noun	名词
NP	Noun Phrase	名词词组
Nu	Numeral	数词
O	Object	宾语
PN	Proper Noun	专有名词
Pre	Prefix	前缀
Prep	Preposition	介词
Pron	Pronoun	代词
Pt	Particle	助词
Q	Quantifier	数量词
S	Subject	主语
Suf	Suffix	后缀
V	Verb	动词
VP	Verb Phrase	动词词组

目　录

Contents

Dì-yī kè Wǒ jiā zài nóngcūn

第一课 我家在农村

Lesson 1 My family live in the countryside

本课目标 Goals of the lesson

1. 功能：描述某个地方的环境
   Function: To describe the environment of a certain place
2. 语言点：Language points:
   （1）表示存在的"有"字句和"是"字句
   The 有-sentence and 是-sentence indicating existence
   （2）动词重叠 The reduplication of verbs

一、热身 Warm-up

回答问题：Answer the questions:

（1）你家在城市还是农村？
Do you live in the city or the countryside?

（2）你家附近有什么？
What is there near your home?

（3）你喜欢城市还是农村？
Which do you like better, the city or the countryside?

二、词语 New words

1	北方	běifāng	N	northern area	北方人
	北	běi	N	north	
2	南方	nánfāng	N	southern area	南方人
	南	nán	N	south	

3	老家	lǎojiā	N	hometown	
4	城市	chéngshì	N	city	
5	农村	nóngcūn	N	countryside, rural area	
6	环境	huánjìng	N	environment	
7	一定	yídìng	Adv	for sure	
8	北边	běibian	N	north	
	边	bian	Suf	side	南边
9	山	shān	N	hill, mountain	小山
10	东边	dōngbian	N	east	
11	西边	xībian	N	west	
12	田野	tiányě	N	field	
13	新鲜	xīnxiān	Adj	fresh	空气新鲜
14	离	lí	V	to be away from	我家离学校很远
15	交通	jiāotōng	N	traffic, transportation	
16	方便	fāngbiàn	A	convenient	交通很方便
17	小学	xiǎoxué	N	primary school	上小学
18	热闹	rènao	A	(of a place) lively, bustling	
19	商店	shāngdiàn	N	store, shop	去商店
20	新	xīn	A	new	
21	生活	shēnghuó	N&V	life; to live	每天的生活
22	站	zhàn	N	stop, station	公交车站、地铁站

选用以上词语填空。Choose a suitable word from above to fill in each blank.

Wǒ jiā fùjìn yǒu dìtiě ______, jiāotōng hěn fāngbiàn.
（1）我家附近有地铁（　　），交通很方便。

Zhèli kōngqì ______.
（2）这里空气（　　）。

Tā jiā měi tiān yǒu hěn duō péngyou lái, fēicháng ______.
（3）他家每天有很多朋友来，非常（　　）。

Qǐngwèn, zhèr ______ shìzhōngxīn yuǎn bù yuǎn?
（4）请问，这儿（　　）市中心远不远？

三、语言点 Language points

表示存在的“有”字句和“是”字句
The 有-sentence and 是-sentence indicating existence

某处 (somewhere) + “有” + 某人或某事物 (somebody/something)
某处 (somewhere) + “是” + 某人或某事物 (somebody/something)
某处 (somewhere) + “没有” + 某人或某事物 (somebody/something)
某处 (somewhere) + “不是” + 某人或某事物 (somebody/something)

（1）这里的“某处”是指包含“左边、右边、前边、后边、附近、旁边、对面”等方位名词的词组，如“我家旁边”“学校对面”。

Here “某处” refers to a phrase of direction that contains words such as “左边” (left), “右边” (right), “前边” (in front of), “后边” (behind), “附近” (near), “旁边” (beside) or “对面” (opposite), etc.

（2）“有”字句中存在的人或事物通常是不定的。“是”字句中存在的人或事物可以是确指的，也可以是不定的。

Somebody or something in a 有-sentence is usually indefinite, while that in a 是-sentence is either definite or indefinite.

某处 (somewhere) + “有” + somebody/something (indefinite)
某处 (somewhere) + “是” + somebody/something (definite or indefinite)

例如：For example:

Wǒ jiā pángbiān yǒu yí gè yínháng.
1. 我 家 旁边 有 一 个 银行。

Wǒ jiā pángbiān shì yí gè yínháng.
2. 我 家 旁边 是 一 个 银行。

Wǒ jiā pángbiān shì Zhōngguó Yínháng.
3. 我 家 旁边 是 中国 银行。

（3）与“有”字句不同的是，“是”字句不仅意味着某处存在某人或某物，而且还意味着某处仅存在某人某物。

In contrast to the 有-sentence, the 是-sentence not only indicates somebody or something is in a certain place, but also indicates only somebody or something is in that place.

例如：For example:

Wǒ jiā pángbiān yǒu yí gè shāngdiàn, hái yǒu yí gè yínháng.
1. 我 家 旁边 有 一 个 商店， 还 有 一 个 银行。

Wǒ jiā zuǒbian shì yí gè shāngdiàn, yòubian shì yí gè yínháng.
2. 我 家 左边 是 一 个 商店， 右边 是 一 个 银行。

注意：Note:

Xuéxiào fùjìn zài yí gè fàndiàn.
1. 学 校 附近 在 一 个 饭 店。 （ × ）

Tā qiánbian bù yǒu rén.
2. 他 前边 不 有 人。 （ × ）

Nǐ de pángbiān shì shéi?
3. 你 的 旁边 是 谁？ （ √ ）

动词重叠 The reduplication of verbs

动词重叠表示时短量少。如同“动词 + 一下”，动词重叠常常有缓和语气的作用。单音节动词重叠，中间可以加“一”。

The reduplication of verbs indicates a short time or a small number/amount. Like the form “verb + 一下 ”, the reduplication of verbs is often used to soften the tone. If monosyllabic verbs are reduplicated, “ 一 ” can be inserted in between.

例如：For example:

Zhè shì shénme? Wǒ kànkan.
1. 这 是 什么？ 我 看看。

Zhè kāfēi hěn hǎo, qǐng dàjiā cháng yì cháng.
2. 这 咖啡 很 好， 请 大家 尝 一 尝。

注意：Note:

Wǒ tài lèi le, wǒ yào xiūxi xiūxi.
1. 我太累了，我要休息休息。（ √ ）

Wǒ tài lèi le, wǒ yào xiūxi yíxià.
2. 我太累了，我要休息一下。（ √ ）

Wǒ tài lèi le, wǒ yào xiūxi yì xiūxi.
3. 我太累了，我要休息一休息。（ × ）

Nǐ děngdeng.
4. 你等等。（ √ ）

Nǐ děng yíxià.
5. 你等一下。（ √ ）

Nǐ děng yì děng.
6. 你等一等。（ √ ）

◎ 活动 Activity

两人一组，仿照例子，看图问答。

Work in pairs. Ask and answer questions about the pictures after the example.

例：For example:

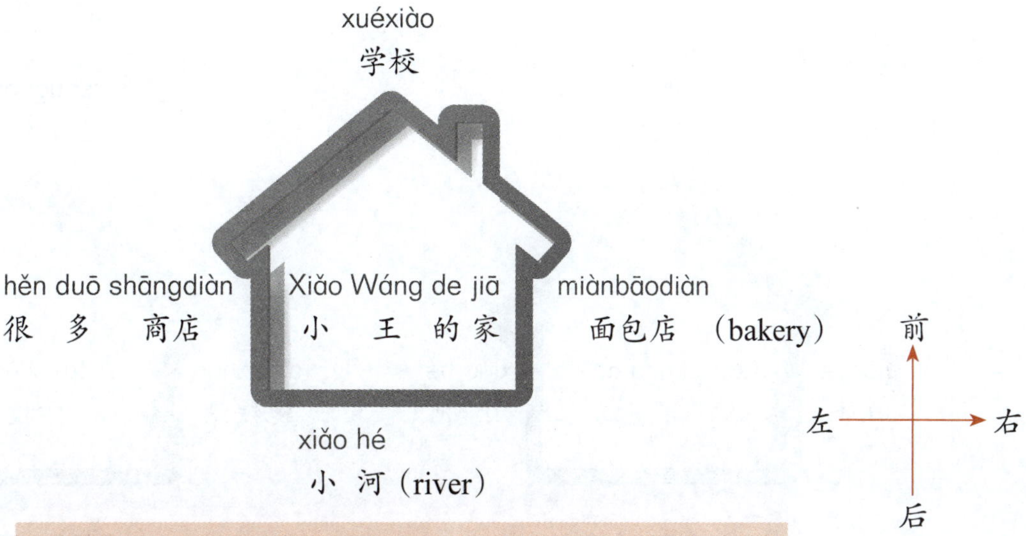

Xiǎo Wáng de jiā zài nǎr?
A：小王的家在哪儿？

Zài shìzhōngxīn.
B：在市中心。

Xiǎo Wáng de jiā hòumiàn yǒu shénme?
A：小王的家后面有什么？

Yǒu yì tiáo xiǎo hé.
B：有一条小河。

Zuǒbian yǒu shénme?
A：左边　有　什么？

Yǒu hěn duō shāngdiàn.
B：有　很　多　商店。

Yòubian ne?
A：右边　呢？

Shì yì jiā miànbāodiàn.
B：是　一　家　面包店。

Qiánbian ne?
A：前边　呢？

Shì yí gè xuéxiào.
B：是　一　个　学校。

（1）

lù
路

tiányě
田野

Xiǎo Zhāng de jiā
小　张　的家

xiǎo hé
小　河

xiǎo shān
小　山

（2）

túshūguǎn
图书馆

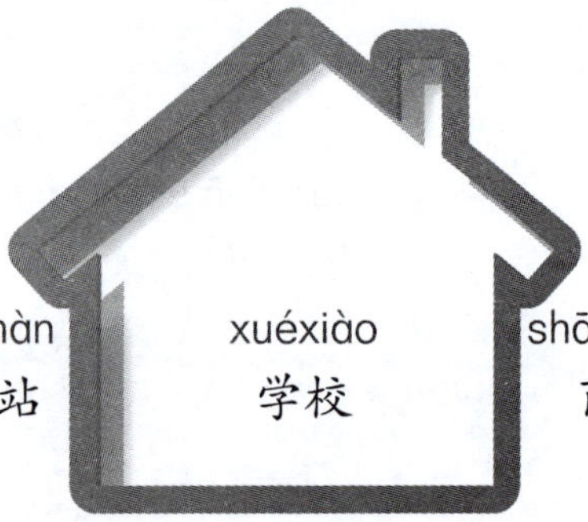

dìtiězhàn
地铁站

xuéxiào
学校

shāngdiàn
商店

gōngyuán
公园

（3）

xiǎoxué
小学

yínháng
银行

Xiǎo Gāo de jiā
小　高　的家

chāoshì
超市

huādiàn,　shūdiàn
花店（flower shop）、书店

（4）

kāfēidiàn
咖啡店

chāoshì
超市

dìtiězhàn
地铁站

lù
路

gōngjiāochēzhàn
公交车站

四、课文（一）Text (1)

01-1

听第一遍录音，判断对错。
Listen to the recording and tell whether the following statements are true or false.

Xiǎomíng de jiā zài nánfāng.
（1）小明 的 家 在 南方。（　　）

Xiǎomíng shì sìchuānrén.
（2）小明 是 四川人。（　　）

Xiǎomíng de jiā nánbian shì tiányě.
（3）小明 的 家 南边 是 田野。（　　）

Xiǎomíng méiyǒu shàngguo gāozhōng.
（4）小明 没有 上过 高中。（　　）

听第二遍录音，回答问题。Listen to the recording again and answer the questions.

Xiǎomíng de lǎojiā zài nǎr?
（1）小明 的 老家 在 哪儿？

Xiǎomíng jiā de huánjìng zěnmeyàng?
（2）小明 家 的 环境 怎么样？

Cóng Xiǎomíng jiā qù chéngshì jìn ma?
（3）从 小明 家 去 城市 近 吗？

Xiǎomíng zài nǎr shàng xiǎoxué de?
（4）小明 在 哪儿 上 小学 的？

分角色朗读课文。Role-play the dialogue.

Hǎilún: Xiǎomíng, nǐ shì běifāngrén háishi nánfāngrén?
海伦：小明，你是北方人还是南方人？

Gāo Xiǎomíng: Wǒ shì nánfāngrén, wǒ lǎojiā zài Sìchuān.
高小明：我是南方人，我老家在四川。

Hǎilún: Nǐ jiā zài chéngshì háishi zài nóngcūn?
海伦：你家在城市还是在农村？

Gāo Xiǎomíng: Wǒ jiā zài nóngcūn.
高小明：我家在农村。

Hǎilún: Huánjìng yídìng búcuò ba?
海伦：环境一定不错吧？

Gāo Xiǎomíng: Nà dāngrán, wǒ jiā běibian shì dà shān, nánbian shì xiǎo shān, dōngbian, xībian dōu shì tiányě, kōngqì xīnxiān, huánjìng hěn hǎo.
高小明：那当然，我家北边是大山，南边是小山，东边、西边都是田野，空气新鲜，环境很好。

Hǎilún: Zhēn shì hǎo dìfang!
海伦：真是好地方！

Gāo Xiǎomíng: Kěshì, lí chéngshì hěn yuǎn, jiāotōng bú tài fāngbiàn.
高小明：可是，离城市很远，交通不太方便。

Hǎilún: Nǐ jiā fùjìn yǒu xuéxiào ma?
海伦：你家附近有学校吗？

Gāo Xiǎomíng: Zhǐ yǒu xiǎoxué, méiyǒu zhōngxué. Wǒ shì zài chéngshì shàng zhōngxué de.
高小明：只有小学，没有中学。我是在城市上中学的。

Hǎilún: Xià cì qù nǐ de lǎojiā wánr wánr, kěyǐ ma?
海伦：下次去你的老家玩儿玩儿，可以吗？

Gāo Xiǎomíng: Dāngrán kěyǐ, huānyíng huānyíng!
高小明：当然可以，欢迎欢迎！

五、课文（二）Text (2)

01-2

听录音，回答问题。Listen to the recording and answer the questions.

Ōuwén jiā fùjìn yǒu méiyǒu shāngdiàn?
（1）欧文 家 附近 有 没有 商店？

Shūdiàn zài Ōuwén jiā de nǎ bian?
（2）书店 在 欧文 家 的 哪 边？

Ōuwén jiā lí shūdiàn yuǎn ma?
（3）欧文 家 离 书店 远 吗？

Ōuwén jiā de shēnghuó, jiāotōng wèi shénme hěn fāngbiàn?
（4）欧文 家 的 生活、 交通 为 什么 很 方便？

分角色朗读课文。Role-play the dialogue.

Ōuwén: Wénlì, nǐ xǐhuan nóngcūn háishi chéngshì?
欧文：文丽，你 喜欢 农村 还是 城市？

Wáng Wénlì: Dōu xǐhuan. Ōuwén, nǐ jiā zài chéngshì háishi nóngcūn?
王 文丽：都 喜欢。欧文，你 家 在 城市 还是 农村？

Ōuwén: Wǒ jiā zài chéngshì.
欧文：我 家 在 城市。

Wáng Wénlì: Nàr yídìng hěn rènao ba?
王 文丽：那儿 一定 很 热闹 吧？

Ōuwén: Hěn rènao. Wǒ jiā pángbiān dōu shì shāngdiàn.
欧文：很 热闹。我 家 旁边 都 是 商店。

Wáng Wénlì: Yǒu chāoshì hé shūdiàn ma?
王 文丽：有 超市 和 书店 吗？

Ōuwén: Yǒu, wǒ jiā zuǒbian yǒu yì jiā hěn dà de chāoshì, yòubian yǒu yì jiā xīn shūdiàn, lí wǒ jiā dōu hěn jìn.
欧文：有，我 家 左边 有 一 家 很 大 的 超市，右边 有 一 家 新 书店，离 我 家 都 很 近。

Wáng Wénlì: Shēnghuó hěn fāngbiàn.
王 文丽：生活 很 方便。

Ōuwén: Duì, wǒ māma měi tiān dōu qù chāoshì mǎi dōngxi, wǒ chángcháng qù shūdiàn kànkan.
欧文：对，我妈妈每天都去超市买东西，我常常去书店看看。

Wáng Wénlì: Nǐ jiā fùjìn jiāotōng zěnmeyàng?
王文丽：你家附近交通怎么样？

Ōuwén: Yǒu dìtiězhàn, yě yǒu gōngjiāochēzhàn, shífēn fāngbiàn. Nǐ kàn, zhè shì wǒ jiā fùjìn de zhàopiàn.
欧文：有地铁站，也有公交车站，十分方便。你看，这是我家附近的照片。

Wáng Wénlì: Gěi wǒ kànkan.
王文丽：给我看看。

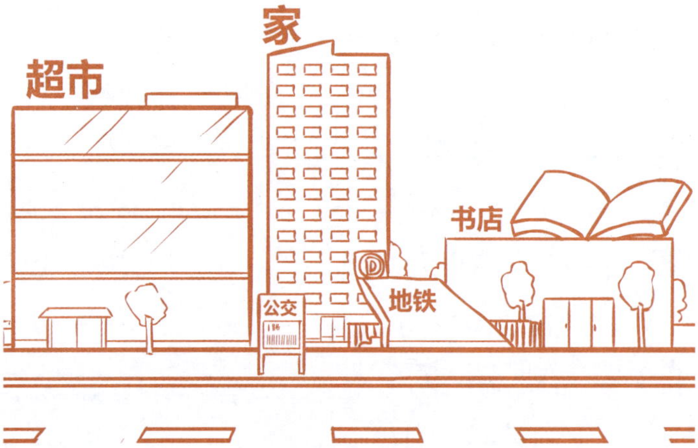

六、活动 Activity

两个人一组，一人用“有、在、是”等句式和方位词描述自己理想的家，另一个人一边听，一边把它画下来。

Work in pairs. One student describes his/her ideal home using sentences containing “有”, “在” or “是” and words of direction, and the other draws a sketch while listening.

七、拓展练习 Extended exercises

听力练习 Listening 01-3

1. 听第一遍录音，判断对错。

Listen to the recording and tell whether the following statements are true or false.

Wénlì jiā zài chéngshì de nánbian.
（1）文丽 家 在 城市 的 南边。 （ ）

Xuéxiào zài Wénlì jiā fùjìn.
（2）学校 在 文丽 家 附近。 （ ）

Wénlì zuò gōngjiāochē qù xuéxiào.
（3）文丽 坐 公交车 去 学校。 （ ）

Wénlì jiā fùjìn yǒu kāfēidiàn.
（4）文丽 家 附近 有 咖啡店。 （ ）

2. 听第二遍录音，根据对话内容连线。

Listen to the recording again and match the two parts of the sentences.

Wénlì de jiā 文丽 的 家	zài Wénlì jiā hòubian 在 文丽 家 后边
wǒmen de xuéxiào 我们 的 学校	zài Wénlì jiā fùjìn 在 文丽 家 附近
gōngjiāochēzhàn 公交车站	zài Wénlì jiā zuǒbian 在 文丽 家 左边
gōngyuán 公园	zài chéngshì běibian 在 城市 北边
xiǎo shān 小 山	zài chéngshì nánbian 在 城市 南边
chāoshì 超市	zài xiǎo shān hòubian 在 小 山 后边

阅读练习 Reading

小明的家在大城市(chéngshì)，交通和______(shēnghuó)都非常方便。他家的左边是一家超市，右边是一家商店，再右边是一家银行。小明家______(lí)书店也很近，书店就在他家的前边。小明常常去这家书店买书。小明家的后面是咖啡店，再后面是小学。小明的爸爸在面包店工作，那家店就在超市的______(zuǒ)边。他爸爸去工作太方便了。对了，小明家______(fùjìn)还有一家四川饭店，那家饭店在面包店后边。小明一家人常常去那儿吃饭。

1. 根据拼音填写汉字。Fill in the blanks with characters according to the *pinyin*.

2. 根据短文内容，在图上标出相应的位置。
Mark the corresponding positions on the diagram according to the passage.

chāoshì	shāngdiàn	yínháng	shūdiàn	kāfēidiàn
A. 超市	B. 商店	C. 银行	D. 书店	E. 咖啡店
xiǎoxué	miànbāodiàn	Sìchuān Fàndiàn		
F. 小学	G. 面包店	H. 四川饭店		

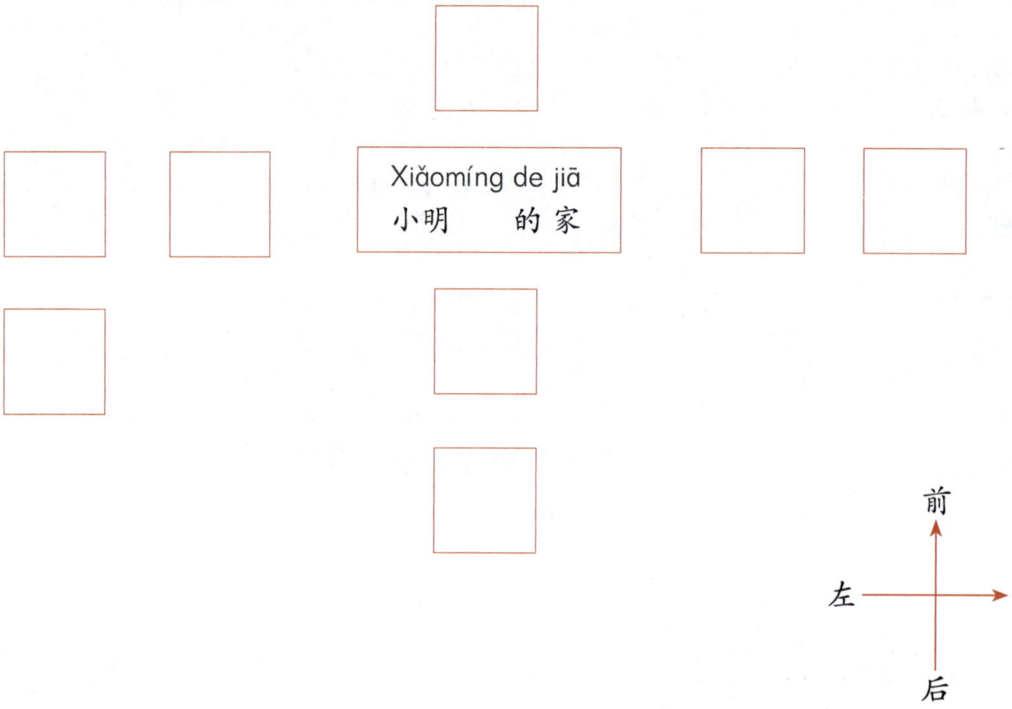

3. 选词填空。Choose the right word for each blank.

yǒu shì zài
A. 有 B. 是 C. 在

Chāoshì xuéxiào de yòubian.
（1）超市（ ）学校 的 右边。

Zhèli zhǐ yì jiā shūdiàn, dìtiězhàn de qiánbian.
（2）这里只（ ）一家 书店，（ ）地铁站 的 前边。

Wǒ jiā qiánmiàn miànbāodiàn, yě huādiàn hé kāfēidiàn.
（3）我 家 前面（ ）面包店，也（ ）花店 和 咖啡店。

Wǒ jiā zài nóngcūn, qián, hòu, zuǒ, yòu dōu tiányě.
（4）我 家 在 农村，前、后、左、右 都（ ）田野。

Xuéxiào qiánmiàn dōu shāngdiàn.
（5）学校 前面 都（ ）商店。

想想本课你学到了哪些有用的词语和句子，请写在下面。

Write down the useful words and sentences you have learned in this lesson.

Dì-èr kè Yì chōng zhí jiù néng dǎ diànhuà

第二课 一充值就能打电话

Lesson 2 You can use the phone as soon as it is topped up

本课目标 Goals of the lesson

1. 功能：询问和回答某物的用法
   Function: To ask and answer about the usage of something
2. 语言点：Language point:
   能愿动词小结 Summary of modal verbs

一、热身 Warm-up

回答问题：Answer the questions:

（1）你的手机可以在中国打电话吗？
Does your cell phone work in China?

（2）你知道在中国怎么用手机吗？
Do you know how to use a cell phone in China?

（3）可以用手机做什么？
What can you do with your cell phone?

二、词语 New words

1	刚（刚）	gāng (gāng)	Adv	just, just now	他刚（刚）来
2	介绍	jièshào	V	to introduce	介绍介绍
3	得	děi	V	to need	得坐车去
4	卡	kǎ	N	card	银行卡

5	需要	xūyào	V	to need	
6	充值	chōng zhí	VO	to top up (a mobile phone)	给手机充值、充值卡
7	一……就……	yī…… jiù……		as soon as	一回家就睡觉
8	上网	shàng wǎng	VO	to surf the Internet	
9	种	zhǒng	M	kind, type, sort	两种充值卡
10	能	néng	V	can, to be able to	
11	容易	róngyì	A	easy	
12	服务	fúwù	V	to serve	上网服务
13	担心	dān xīn	VO	to worry	
14	微信	wēixìn	N	WeChat	微信号、发微信
15	下	xià	V	to download	下一个电影
16	注册	zhù cè	VO	to sign up for	
17	发	fā	V	to send	发邮件
18	手写	shǒuxiě	V	to write by hand	手写输入法
19	输入法	shūrùfǎ		input method	
20	应该	yīnggāi	V	should, ought to	

选用以上词语填空。Choose a suitable word from above to fill in each blank.

Měi tiān gěi péngyou ( ) wēixìn.
(1) 每天给朋友（ ）微信。

Tā zài shǒujī li ( ) le hěn duō zhōngwéngē.
(2) 他在手机里（ ）了很多中文歌。

"Rén" zhège Hànzì hěn ( ) xiě.
(3) "人"这个汉字很（ ）写。

Nǎ ( ) píngguǒ hǎochī?
(4) 哪（ ）苹果好吃？

三、语言点 Language point

能愿动词小结 Summary of modal verbs

要、想、不用

"要""想"表示愿望和打算，否定时一般都用"不想"。"要"也表示事实上的需要，其否定用"不用"。"不要"在祈使句里相当于"别"。

"要" or "想" indicates a wish or plan, and its negative form is "不想". "要" also indicates an actual need, and its negative form is "不用". In imperative sentences, "不要" means "别" (don't).

例如：For example:

Wǒ xiǎng yí gè rén qù lǚxíng, kěshì tā yídìng yào gēn wǒ yìqǐ qù.
1. 我想一个人去旅行，可是他一定要跟我一起去。

Wǒ míngtiān hái yào lái ma?
2. A：我明天还要来吗？

Búyòng lái.
B：不用来。

Qǐng búyào zài jiàoshì li dǎ diànhuà.
3. 请不要在教室里打电话。

会、能、可以

"会"表示经过学习掌握了某技能，"能"表示具备某种能力、条件或许可，"可以"表示能够或许可。也常用"能不能……""你可以……吗"委婉表示让别人做某事。

"会" means to learn a certain skill. "能" means to have a certain ability, condition or permission, and "可以" means to be able/permitted to do something. "能不能……" or "你可以……吗" is often used to ask somebody to do something in a roundabout way.

例如：For example:

Wǒ huì yóu yǒng, kěshì tiānqì tài lěng, bù néng yóu.
1. 我会游泳（to swim），可是天气太冷，不能游。

Nǐ néng bù néng gěi tā dǎ gè diànhuà?
2. 你 能 不 能 给 他 打 个 电话?

Jiàoshì li bù kěyǐ / néng chī dōngxi, nǐ kěyǐ qù wàimiàn chī.
3. 教室 里 不 可以 / 能 吃 东西, 你 可以 去 外面 吃。

应该、得

"应该", ought to;"得", have to。"得"用于口语,表示需要,否定用"不用"。

"得" is used in spoken Chinese to indicate a need and its negative form is "不用".

例如:For example:

Xuéshēng yīnggāi měi tiān xuéxí.
1. 学生 应该 每 天 学习。

Yǐjīng bā diǎn le, wǒ děi qù jiàoshì shàng kè le.
2. 已经 八 点 了, 我 得 去 教室 上 课 了。

注意:Note:

	yào 要	xiǎng 想	huì 会	néng 能	kěyǐ 可以	yīnggāi 应该	děi 得
否定形式 Negative	bù xiǎng 不 想 / búyòng 不用 / búyào 不要	bù xiǎng 不 想	bú huì 不 会	bù néng 不 能	bù kěyǐ 不 可以	bù yīnggāi 不 应该	búyòng 不用
正反疑问形式 Affirmative-negative question	yào bú yào 要 不 要	xiǎng bù xiǎng 想 不 想	huì bú huì 会 不 会	néng bù néng 能 不 能	kě bù kěyǐ 可 不 可以	yīng bù yīnggāi 应 不 应该	yào bú yào 要 不 要

◎ 活动 Activity

两人一组，根据提示词，仿照例子，看图问答。

Work in pairs. Ask and answer questions about the pictures based on the words given after the example.

例（1）：
For example:

yóu yǒng, huì
游泳（to swim）、会

Tā huì bú huì yóu yǒng?
A：她会不会游泳？

Tā huì yóu yǒng.
B：她会游泳。

例（2）

yóu yǒng, néng
游泳、能

Tā néng bù néng yóu yǒng?
A：她能不能游泳？

Tā bù néng yóu yǒng.
B：她不能游泳。

例（3）

yóu yǒng, kěyǐ
游泳、可以

Néng bù néng / Kě bù kěyǐ zài zhèli yóu yǒng?
A：能不能/可不可以在这里游泳？

Bù néng / Bù kěyǐ zài zhèli yóu yǒng.
B：不能/不可以在这里游泳。

例（4）

yóu yǒng, xiǎng
游泳、想

Tā xiǎng bù xiǎng yóu yǒng?
A：他想不想游泳？

Tā xiǎng yóu yǒng.
B：他想游泳。

（1）

kāi chē, huì
开车、会

kāi chē, néng
开车、能

kāi chē, kěyǐ
开车、可以

kāi chē, xiǎng
开车、想

（2）

zǒu, huì
走、会

zǒu, néng
走、能

zǒu, xiǎng
走、想

（3）

chī fàn, huì
吃饭、会

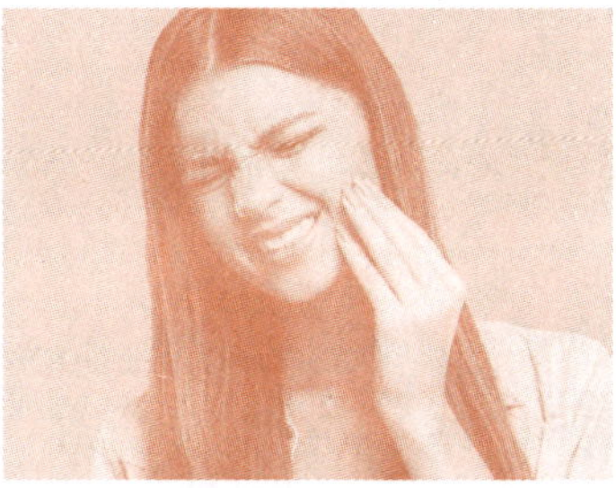

chī fàn, néng
吃饭、能

chī fàn, xiǎng
吃饭、想

（4）

dǎ wǎngqiú, huì
打网球、会

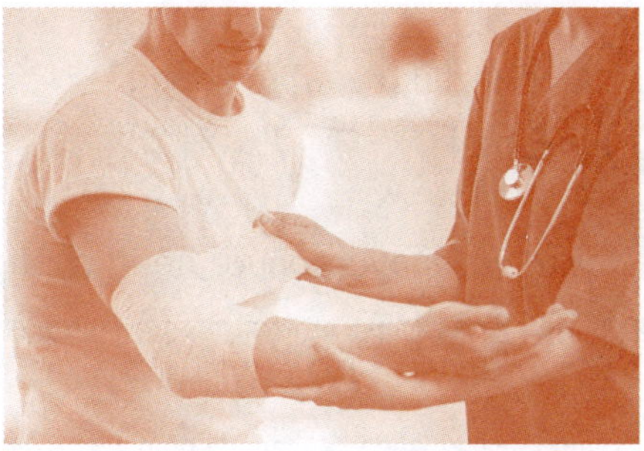

dǎ wǎngqiú, néng
打网球、能

dǎ wǎngqiú, xiǎng
打网球、想

四、课文（一）Text (1)

02-1

听第一遍录音，判断对错。

Listen to the recording and tell whether the following statements are true or false.

Hǎilún gěi Xiǎomíng jièshào mǎi shǒujī de dìfang.
（1）海伦 给 小明 介绍 买 手机 的 地方。（　　）

Hǎilún bú huì yòng Zhōngguó de shǒujī.
（2）海伦 不 会 用 中国 的 手机。（　　）

Hǎilún yǐjīng mǎile SIM kǎ.
（3）海伦 已经 买了 SIM 卡。（　　）

Hǎilún xiǎng gěi shǒujī chōng zhí.
（4）海伦 想 给 手机 充 值。（　　）

听第二遍录音，回答问题。Listen to the recording again and answer the questions.

Hǎilún de shǒujī shì shénme shíhou mǎi de?
（1）海伦 的 手机 是 什么 时候 买 的？

Nǎli mǎi SIM kǎ?
（2）哪里 买 SIM 卡？

Chōngzhíkǎ yǒu jǐ zhǒng?
（3）充值卡 有 几 种？

Bú huì Hànyǔ dehuà, néng chōng zhí ma?
（4）不 会 汉 语 的话，能 充 值吗？

分角色朗读课文。Role-play the dialogue.

Gāo Xiǎomíng: Hǎilún, zhè shì nǐ de xīn shǒujī?
高小明：海伦，这是你的新手机？

Hǎilún: Duì, shì wǒ gānggāng mǎi de. Xiǎomíng, gěi wǒ jièshào yíxià zěnme yòng, hǎo ma?
海伦：对，是我刚刚买的。小明，给我介绍一下怎么用，好吗？

Gāo Xiǎomíng: Nǐ děi qù mǎi yì zhāng SIM kǎ.
高小明：你得去买一张 SIM 卡。

Hǎilún: Qù nǎr mǎi?
海伦：去哪儿买？

Gāo Xiǎomíng: Mài shǒujī de dìfang.
高小明：卖手机的地方。

Hǎilún: Xūyào chōng zhí ma?
海伦：需要充值吗？

Gāo Xiǎomíng: Duì. Yì chōng zhí jiù néng dǎ diànhuà. Kěyǐ mǎi chōngzhíkǎ chōng zhí, yě kěyǐ shàng wǎng chōng zhí.
高小明：对。一充值就能打电话。可以买充值卡充值，也可以上网充值。

Hǎilún: Chōngzhíkǎ duōshao qián yì zhāng?
海伦：充值卡多少钱一张？

Gāo Xiǎomíng: Yǒu wǔshí kuài qián hé yìbǎi kuài qián de liǎng zhǒng.
高小明：有五十块钱和一百块钱的两种。

Hǎilún: Wǒ bú huì chōng zhí, nǐ néng jiāo wǒ yíxià ma?
海伦：我不会充值，你能教我一下吗？

Gāo Xiǎomíng: Chōng zhí hěn róngyì, nǐ dǎ diànhuà gōngsī de fúwù diànhuà, dōu yǒu wàiyǔ fúwù, búyòng dān xīn.
高小明：充值很容易，你打电话公司的服务电话，都有外语服务，不用担心。

五、课文（二） Text (2)

02-2

听录音，回答问题。Listen to the recording and answer the questions.

Hǎilún huì yòng wēixìn ma?
（1）海伦会用微信吗？

Shǒujī de Hànzì shūrùfǎ yǒu jǐ zhǒng?
（2）手机的汉字输入法有几种？

Hǎilún huì yòng Hànyǔ fā wēixìn ma?
（3）海伦会用汉语发微信吗？

Ōuwén xiǎng jiāo nǎ yì zhǒng shūrùfǎ?
（4）欧文想教哪一种输入法？

分角色朗读课文。Role-play the dialogue.

Hǎilún: Ōuwén, nǐ yòng wēixìn ma?
海伦：欧文，你 用 微信 吗？

Ōuwén: Dāngrán yòng a, zài Zhōngguó, hěn duō rén dōu yòng wēixìn.
欧文：当然 用 啊，在 中国，很 多 人 都 用 微信。

Hǎilún: Nǐ kěyǐ jiāo wǒ yíxià ma? Wǒ hái bú huì yòng wēixìn.
海伦：你 可以 教 我 一下 吗？我 还 不 会 用 微信。

Ōuwén: Hǎo a, hěn róngyì. Nǐ kàn, zài APP li xià yí gè wēixìn, yòng nǐ de shǒujī hàomǎ zhù cè yíxià jiù kěyǐ le.
欧文：好啊，很 容易。你看，在 APP 里 下 一 个 微信，用 你 的 手机 号码 注 册 一下 就 可以 了。

Hǎilún: Tài hǎo le. Nǐ de wēixìnhào shì shénme?
海伦：太 好 了。你 的 微信号 是 什么？

Ōuwén: Zhè shì wǒ de wēixìnhào. Nǐ huì yòng Hànyǔ fā wēixìn ma?
欧文：这 是 我 的 微信号。你 会 用 汉语 发 微信 吗？

Hǎilún: Bú huì, nǐ néng bù néng jiāo wǒ yíxià?
海伦：不 会，你 能 不 能 教 我 一下？

Ōuwén: Xíng, shǒujī shang yǒu shǒuxiě shūrùfǎ, yě yǒu pīnyīn shūrùfǎ.
欧文：行，手机 上 有 手写 输入法，也 有 拼音 输入法。

Hǎilún: Nǎ yì zhǒng róngyì?
海伦：哪 一 种 容易？

Ōuwén: Dōu hěn róngyì, wǒ juéde nǐ yīnggāi xuéxí pīnyīn shūrùfǎ.
欧文：都 很 容易，我 觉得 你 应该 学习 拼音 输入法。

六、活动 Activity

两人一组，就支付宝、微信或者其他 APP 进行讨论，一人问，另一人教。五分钟后轮换一次，继续同样的活动。

Work in pairs. One asks the other how to use Alipay, weChat or other APP. Swap roles after five minutes and continue.

七、拓展练习 Extended exercises

听力练习 Listening 02-3

1. 听第一遍录音，判断对错。

Listen to the recording and tell whether the following statements are true or false.

Kămălā huì qí zìxíngchē.
(1) 卡玛拉 会 骑 自行车。 ( )

Wénlì měi tiān qí chē qù xuéxiào.
(2) 文丽 每 天 骑 车 去 学校。 ( )

Wénlì xīngqīwǔ xiàwǔ yǒu kè.
(3) 文丽 星期五 下午 有 课。 ( )

Zìxíngchē diàn zài xuéxiào yòubian.
(4) 自行车 店 在 学校 右边。 ( )

2. 听第二遍录音，根据对话内容选词填空。

Listen to the recording again and choose the right words to fill in the blanks.

xiǎng / bù xiǎng / néng / bù néng / huì / bú huì / búyòng
A. 想 B. 不 想 C. 能 D. 不 能 E. 会 F. 不 会 G. 不用

	zìxíngchē 自行车	zìxíngchē 自行车	xīngqīsān xiàwǔ 星期三 下午	xīngqī'èr xiàwǔ 星期二 下午	jīntiān xiàwǔ 今天 下午
Wénlì 文丽	xué ______ 学	qí ______ 骑	jiāo ______ 教	jiāo ______ 教	qù mǎi ______ 去 买
Kămălā 卡玛拉	xué ______ 学	qí ______ 骑	xué ______ 学	xué ______ 学	qù mǎi ______ 去 买

阅读练习 Reading

海伦刚刚买了手机，还不______(huì)用。她的好朋友高小明______(bāng)她买了 SIM 卡。海伦不知道在哪儿买充值卡，也不会给手机充值。高小明在______(wǎng)上给她充了一百块钱。现在海伦的手机已经可以用了。高小明还给她的手机______(xià)了微信 APP，可是海伦不会用汉语______(fā)微信。高小明______(jiāo)海伦用拼音输入______(fǎ)，海伦觉得不太______(róngyì)。现在海伦加了高小明的微信，是他的微信好友了。

1. 根据拼音填写汉字。Fill in the blanks with characters according to the *pinyin.*

2. 根据短文内容连线。Match the persons with what they do according to the passage.

	bú huì yòng Hànyǔ fā wēixìn 不会用汉语发微信
	gāng mǎile shǒujī 刚买了手机
Gāo Xiǎomíng 高小明	xuéxí pīnyīn shūrùfǎ 学习拼音输入法
Hǎilún 海伦	mǎile SIM kǎ 买了 SIM 卡
	chōng zhí 充值

3. 选词填空。Choose the right word for each blank.

(1) 我没有电脑，不（　　）上网。
Wǒ méiyǒu diànnǎo, bù ... shàng wǎng.

A. 能 néng　B. 会 huì　C. 可以 kěyǐ　D. 想 xiǎng　E. 要 yào　F. 应该 yīnggāi

(2) 上课不（　　）吃东西。
Shàng kè bù ... chī dōngxi.

A. 能 néng　B. 会 huì　C. 想 xiǎng

Wǒ bù xǐhuan chī píngguǒ, bù ( ) mǎi.
(3) 我 不 喜欢 吃 苹果，不（ ）买。

A. 能 néng　B. 会 huì　C. 可以 kěyǐ　D. 想 xiǎng

Nǐ shì tā de hǎo péngyou, ( ) zhīdào tā de diànhuà hàomǎ.
(4) 你 是 他 的 好 朋友，（ ）知道 他 的 电话 号码。

A. 能 néng　B. 可以 kěyǐ　C. 想 xiǎng　D. 要 yào　E. 应该 yīnggāi

Wǒ xiànzài méiyǒu qián, bù ( ) mǎi chōngzhíkǎ.
(5) 我 现在 没有 钱，不（ ）买 充值卡。

A. 能 néng　B. 会 huì　C. 可以 kěyǐ　D. 应该 yīnggāi

Wǒ méi xuéguo qí zìxíngchē, dāngrán bù ( ) qí.
(6) 我 没 学过 骑 自行车，当然 不（ ）骑。

A. 能 néng　B. 会 huì　C. 可以 kěyǐ　D. 要 yào　E. 应该 yīnggāi

Bù ( ) dān xīn, wǒ hěn hǎo.
(7) 不（ ）担 心，我 很 好。

A. 能 néng　B. 会 huì　C. 可以 kěyǐ　D. 想 xiǎng　E. 要 yào

想想本课你学到了哪些有用的词语和句子，请写在下面。

Write down the useful words and sentences you have learned in this lesson.

Dì-sān kè　Zhè yào měi tiān chī jǐ cì?

第三课 这药每天吃几次?

Lesson 3 How many times a day should I take the medicine?

本课目标 Goals of the lesson

1. 功能：说明健康状况

   Function: To talk about somebody's health condition

2. 语言点：Language points:

   （1）动量短语

   Phrases of frequency

   （2）动词短语或小句修饰名词

   A noun modified by a verb phrase or a clause

一、热身 Warm-up

回答问题：Answer the questions:

（1）喝了太多的酒以后，哪儿不舒服？

How do you feel after drinking too much alcohol?

（2）感冒了，哪儿不舒服？

How do you feel when you catch a cold?

（3）身体不好的时候，该怎么办？该去哪儿？

What do you do and where do you go if you are not feeling well?

二、词语 New words

1	第	dì	Pre	*an ordinal indicator*	第一本、第二个、第一次
2	医院	yīyuàn	N	hospital	去医院看病
3	看病	kàn bìng	VO	to see a doctor	

4	舒服	shūfu	A	comfortable	身体不舒服
5	头疼	tóuténg	A	headache	
	头	tóu	N	head	
	疼	téng	A	painful	
6	发烧	fā shāo	VO	to have a fever	
7	感冒	gǎnmào	V	to catch a cold	
8	量	liáng	V	to measure	
9	体温	tǐwēn	N	(body) temperature	量体温
10	高	gāo	A	high, tall	
11	度	dù	M	(*a unit of measurement for angles, temperature, etc.*) degree	38.5 度
12	打针	dǎ zhēn	VO	to take an injection	
13	药	yào	N	medicine	吃药
14	胃口	wèikǒu	N	appetite	没有胃口、胃口很好
15	拉肚子	lā dùzi		to suffer from diarrhea	
16	洗手间	xǐshǒujiān	N	restroom	
17	牛奶	niúnǎi	N	milk	
18	蛋糕	dàngāo	N	cake	
19	可能	kěnéng	Adv	probably	他可能不来
20	先	xiān	Adv	first	我先去
21	休息	xiūxi	V	to rest	

选用以上词语填空。Choose a suitable word from above to fill in each blank.

Tā jīntiān lā dùzi, zài jiāli qùle hěn duō cì .
(1) 他 今天 拉肚子，在 家里 去了 很 多 次（ ）。

Wǒ shēntǐ bù , qù yīyuàn kàn bìng.
(2) 我 身体 不（ ），去 医院 看 病。

Wǒ zuótiān méiyǒu chī fàn, méiyǒu .
(3) 我 昨天 没有 吃 饭，没有（ ）。

Wǒ bù xǐhuan chī , yě bù xǐhuan dǎ zhēn.
（4）我 不 喜欢 吃（ ），也 不 喜欢 打 针。

三、语言点 Language points

动量短语 Phrases of frequency

动量短语指数词和动量词“下、次、遍”等构成的词语，如“一下、两次、三遍”，常放在动词后边，做动量补语，说明动作发生的次数。

A phrase of frequency is composed of a numeral and a word of frequency such as “下”, “次” or “遍”. A phrase such as “一下”, “两次” or “三遍” is often used after a verb to indicate the frequency of an action.

谓语动词＋动量补语 Predicative verb + Phrase of frequency	Wǒmen xiūxi yíxià. 1. 我们 休息 一下。
	Qǐng zài shuō yí biàn. 2. 请 再 说 一遍。
谓语动词＋动量补语＋宾语 Predicative verb + Phrase of frequency + Object	Wǒmén měi tiān jiàn liǎng cì miàn. 3. 我们 每 天 见 两 次 面。
	Wǒ dǎguo hěn duō cì diànhuà. 4. 我 打过 很 多 次 电话。

当宾语是人称代词时格式如下：

谓语动词＋宾语（人称代词＋动量补语） Predicative verb + Object (personal pronoun + Phrase of frequency)	Wǒmen jiànguo tā jǐ cì. 我们 见过 他 几次。

动词短语或小句修饰名词 A noun modified by a verb phrase or a clause

动词短语或小句可以放在名词前修饰该名词。这时，修饰语和名词之间应该有“的”。

A verb phrase / clause can be put before a noun to modify it. In this case, “的” should be used between the modifier and the noun.

例如：For example:

Zhè shì wǒ xiě de zì.
1. 这 是 我 写 的 字。

Wǒ xǐhuan chī de zhōngguócài shì běijīngkǎoyā.
2. 我 喜欢 吃 的 中国菜 是 北京烤鸭。

Tā mǎi de dōngxi hěn piányi.
3. 他 买 的 东西 很 便宜。

Tā pāi de zhàopiàn fēicháng hàokàn.
4. 他 拍 的 照片 非常 好看。

◎ 活动 Activities

1. 两人一组，用“几次”或者“几顿”和下面的词语问答。

Work in pairs. Ask and answer questions using “几次” or “几顿” and the following words.

- Měi gè xīngqī, nǐ qù túshūguǎn / qù chāoshì / gěi bàba, māma dǎ diànhuà / mǎi dōngxi / guàng shāngdiàn dǎ qiú kàn diànyǐng...
  每 个 星期，你 去 图书馆 / 去 超市 / 给 爸爸、妈妈 打 电话 / 买 东西 / 逛 商店 (to shop around) / 打 球 / 看 电影 ……
- Měi tiān, nǐ lái jiàoshì chī fàn shuì jiào zuò fàn hē kāfēi...
  每 天，你 来 教室 / 吃 饭 / 睡 觉 / 做 饭 / 喝 咖啡……

Měi gè xīngqī, nǐ qù jǐ cì túshūguǎn?
例如：A：每 个 星期，你 去 几 次 图书馆？

Wǒ qù yí cì túshūguǎn. / Wǒ bú qù túshūguǎn.
B：我 去 一 次 图书馆。/ 我 不 去 图书馆。

2. 两人一组，根据提示词，仿照例子，看图问答。

Work in pairs. Ask and answer questions about the pictures based on the words given after the example.

例（1）：For example:

kàn, shū
看、书

Zhè shì shénme?
A：这 是 什么？

Zhè shì tā kàn de shū.
B：这 是 他 看 的 书。

mǎi, shǒujī
（1）买、手机

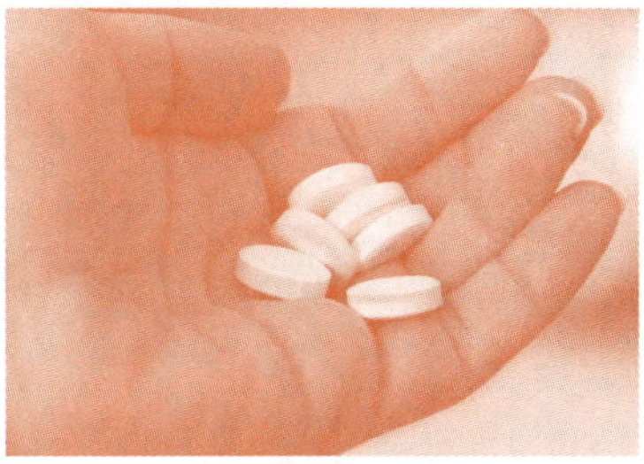

chī, yào
（2）吃、药

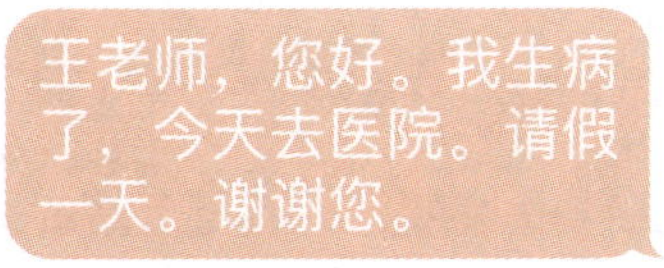

fā, duǎnxìn
（3）发、短信

xuéxí, kèběn
（4）学习、课本

hē, chá
（5）喝、茶

例（2）：For example:

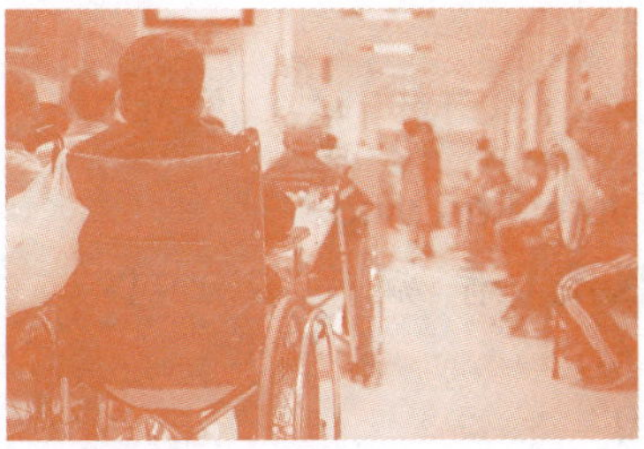

kàn, bìng
看、病

Shénme rén hěn duō?
A：什么人很多？

Kàn bìng de rén hěn duō.
B：看病的人很多。

tiào wǔ
（1）跳舞

chī fàn
（2）吃饭

děng chē
（3）等车

shuì jiào
（4）睡觉

dǎ zhēn
（5）打针

dǎ diànhuà
（6）打电话

四、课文（一）Text (1)

03-1

听第一遍录音，判断对错。

Listen to the recording and tell whether the following statements are true or false.

Nán de dì-èr cì zài Zhōngguó de yīyuàn kàn bìng.
（1）男的第二次在中国的医院看病。（　　）

Nán de shàng gè xīngqī gǎnmàoguo.
（2）男的上个星期感冒过。（　　）

Nán de měi tiān chī yí cì yào.
（3）男的每天吃一次药。（　　）

Nǚ de shuōle liǎng biàn zěnme chī yào.
（4）女的说了两遍怎么吃药。（　　）

听第二遍录音，回答问题。Listen to the recording again and answer the questions.

Nǚ de zuò shénme gōngzuò?
（1）女的做 什么 工作？

Nán de tǐwēn gāo bù gāo?
（2）男 的 体温 高 不 高？

Nán de yào chī shénme yào?
（3）男 的 要 吃 什么 药？

Nán de xūyào qù yīyuàn dǎ jǐ cì zhēn?
（4）男 的 需要 去 医院 打 几 次 针？

分角色朗读课文。Role-play the dialogue.

yīshēng: Nǐ shì dì-yī cì zài Zhōngguó de yīyuàn kàn bìng ma?
医生：你是第一次在 中国 的医院看 病 吗？

Tiánzhōng: Bù shàng gè yuè láiguo yí cì.
田中：不，上 个 月 来过 一次。

yīshēng: Nǐ nǎr bù shūfu?
医生：你哪儿不舒服？

Tiánzhōng: Wǒ tóuténg, yǒu diǎnr fā shāo.
田中：我 头疼，有 点儿 发 烧。

yīshēng: Zuìjìn gǎnmàoguo ma?
医生：最近 感冒过 吗？

Tiánzhōng: Shàng gè yuè gǎnmàoguo yí cì.
田中：上 个 月 感冒过 一 次。

yīshēng: Liángliang tǐwēn ba.
医生：量量 体温 吧。

Tiánzhōng: Tǐwēn gāo ma?
田中：体温 高 吗？

yīshēng: Sānshíjiǔ dù wǔ, hěn gāo.
医生：三十九度五，很 高。

Tiánzhōng: Xūyào dǎ zhēn ma?
田中：需要 打 针 吗？

yīshēng: Yào, měi tiān dǎ yí cì, dǎ sān tiān.
医生：要，每天打一次，打三天。

Tiánzhōng: Yào bú yào chī yào?
田中：要不要吃药？

yīshēng: Dāngrán yào, zhè shì gǎnmàoyào, měi tiān chī sān cì.
医生：当然要，这是感冒药，每天吃三次。

Tiánzhōng: Nǐ shuō shénme? Qǐng zài shuō yí biàn.
田中：你说什么？请再说一遍。

yīshēng: Zhè shì gǎnmàoyào, zǎoshang chī yí cì, zhōngwǔ chī yí cì, wǎnshang chī yí cì.
医生：这是感冒药，早上吃一次，中午吃一次，晚上吃一次。

五、课文（二）Text (2)

03-2

听录音，回答问题。Listen to the recording and answer the questions.

Nǚ de xiànzài zài nǎr?
（1）女的现在在哪儿？

Nǚ de zuótiān wǎnshang qùle jǐ cì xǐshǒujiān?
（2）女的昨天晚上去了几次洗手间？

Nǚ de zuótiān chī de shénme bú tài xīnxiān?
（3）女的昨天吃的什么不太新鲜？

Nǚ de měi tiān yào chī jǐ cì yào?
（4）女的每天要吃几次药？

分角色朗读课文。Role-play the dialogue.

Hǎilún: Yīshēng, nín hǎo.
海伦：医生，您好。

yīshēng: Nǐ hǎo! Nǐ nǎr bù shūfu?
医生：你好！你哪儿不舒服？

Hǎilún: Dùzi téng, méiyǒu wèikǒu, bù xiǎng chī fàn.
海伦：肚子疼，没有胃口，不想吃饭。

yīshēng: Lā dùzi ma?
医生：拉肚子吗？

Hǎilún: Shì de, zuótiān wǎnshang qùle sì-wǔ cì xǐshǒujiān.
海伦：是的，昨天晚上去了四五次洗手间。

yīshēng: Nǐ zuótiān chī de dōngxi yǒu méiyǒu wèntí?
医生：你昨天吃的东西有没有问题？

Hǎilún: Wǒ hē de niúnǎi huòzhě chī de dàngāo bú tài xīnxiān.
海伦：我喝的牛奶或者吃的蛋糕不太新鲜。

yīshēng: Chī diǎnr yào ba.
医生：吃点儿药吧。

Hǎilún: Zhè yào měi tiān chī jǐ cì?
海伦：这药每天吃几次？

yīshēng: Zǎoshang chī yí cì, zhōngwǔ chī yí cì, wǎnshang chī yí cì.
医生：早上吃一次，中午吃一次，晚上吃一次。

Hǎilún: Xiān chī yào háishi xiān chī fàn?
海伦：先吃药还是先吃饭？

yīshēng: Xiān chī yào.
医生：先吃药。

Hǎilún: Yì chī jiù néng hǎo ma? Wǒ xiàwǔ hái děi shàng kè.
海伦：一吃就能好吗？我下午还得上课。

yīshēng: Nǐ děi zài jiā xiūxi, duō hē shuǐ, bù néng qù shàng kè.
医生：你得在家休息，多喝水，不能去上课。

六、活动 Activity

两人一组，角色扮演。

Work in pairs to role-play the conversation.

角色：A 为病人，B 为医生。

情景：在医院。病人向医生诉说病情，医生给病人诊断。

Roles: A is a patient and B is a doctor.

Scenario: In a hospital, the patient is describing his/her disease to the doctor and the doctor is giving the patient his/her diagnosis.

七、拓展练习 Extended exercises

听力练习 Listening 03-3

1. 听第一遍录音，判断对错。

Listen to the recording and tell whether the following statements are true or false.

Àimǎ měi tiān dōu qù xuéxiào.
（1）爱玛每天都去学校。（　　）

Àimǎ xīngqīsān bú shàng kè.
（2）爱玛星期三不上课。（　　）

Àimǎ chángcháng gěi bàba, māma dǎ diànhuà.
（3）爱玛常常给爸爸、妈妈打电话。（　　）

Àimǎ qù de nà jiā chāoshì dōngxi hěn piányi.
（4）爱玛去的那家超市东西很便宜。（　　）

2. 听第二遍录音，根据对话内容填写正确次数。

Listen to the recording again and fill in the blanks with the correct numbers.

xīngqīyī 星期一	qù ___ cì xuéxiào 去___次学校	xīngqīliù 星期六	dǎ ___ cì diànhuà 打___次电话
xīngqīsān 星期三	qù ___ cì túshūguǎn 去___次图书馆	xīngqītiān 星期天	chī ___ cì fǎguócài 吃___次法国菜
xīngqīsì 星期四	zài xuéxiào chī ___ dùn fàn 在学校吃___顿饭	xīngqītiān 星期天	qù ___ cì chāoshì 去___次超市

阅读练习 Reading

téng　　　lā　　　　　　　　　　　wèikǒu

田中身体不舒服，头______，______肚子，有点儿发烧，没有______，昨天只吃

de

了一顿饭。他去学校附近的医院看病。那家医院不大，看病______人非常多。医生给田中量

tǐ　　　　　　　　　　　　　　　　xīnxiān

了一下______温，说可能是因为田中吃的水果不______。田中需要吃药、打针。现在田中

每天吃两次药，去医院打一次针。不过，两天了，他还是不想吃饭。后天有比赛，怎么办？

jiù

田中很担心，有没有一吃______好的药呢？

1. 根据拼音填写汉字。Fill in the blanks with characters according to the *pinyin*.

2. 根据短文内容连线。Match the verbs and nouns according to the passage.

kàn	lā	fā	liáng	chī	dǎ	qù
看	拉	发	量	吃	打	去

yào	tǐwēn	bìng	yīyuàn	dùzi	shāo	zhēn
药	体温	病	医院	肚子	烧	针

3. 选词填空，同一词可以用多次。

Choose the right word for each blank. A word can be used many times.

cì	dùn	biàn	xià
A. 次	B. 顿	C. 遍	D. 下

Qǐng děng yī　　, wǒ xiǎng kàn yī　　wēixìn.
(1) 请 等 一（　　），我 想 看 一（　　）微信。

Zhège gē hěn hǎotīng, wǒ xiǎng zài tīng yī　　.
(2) 这个 歌 很 好听，我 想 再 听 一（　　）。

Zhè shì gǎnmàoyào, měi tiān chī sì　　.
(3) 这 是 感冒药，每 天 吃 四（　　）。

Yì tiān chī sān　　fàn.
(4) 一 天 吃 三（　　）饭。

Wǒ gēn tā jiànguo liǎng　　miàn.
(5) 我 跟 他 见过 两（　　）面。

想想本课你学到了哪些有用的词语和句子，请写在下面。

Write down the useful words and sentences you have learned in this lesson.

Dì-sì kè Wǒ xiǎng qǐng nǐ cānjiā shēngrì jùhuì

第四课 我想请你参加生日聚会

Lesson 4 I'd like to invite you to my birthday party

本课目标 Goals of the lesson

1. 功能：邀请和接受邀请
   Function: To send and accept an invitation
2. 语言点：Language points:
   （1）兼语句 Pivotal sentences
   （2）"是不是" 疑问句 The "是不是" interrogative sentence

一、热身 Warm-up

回答问题：Answer the questions:

（1）在你的国家，人们怎么过生日？
How do people celebrate their birthdays in your country?

（2）你在中国参加过朋友的生日聚会吗？
Have you ever attended a friend's birthday party in China?

（3）在你的国家，朋友们一起去饭店吃饭的时候，怎么付钱？
Who pays the bill when you eat out with your friends?

二、词语 New words

1	白天	báitiān	N	day, daytime	
2	聚会	jùhuì	N	party, get-together	生日聚会
3	同学	tóngxué	N	classmate	
4	带	dài	V	to take, to bring	我带你去学校、 我带电脑去学校
5	教室	jiàoshì	N	classroom	
6	短信	duǎnxìn	N	text message	发短信

7	请客	qǐng kè	VO	to invite somebody to dinner	今天我请客
8	礼尚往来	lǐshàngwǎnglái		courtesy demands reciprocity	
9	人气	rénqì	N	popularity	有人气
10	预约	yùyuē	V	to make an appointment	提前预约
11	清楚	qīngchu	V	to make it clear	
12	问	wèn	V	to ask	
13	客人	kèrén	N	guest	
14	老	lǎo	A	old	老朋友
15	AA 制	AA zhì		to split the bill, to go Dutch	今天我们 AA 制吧
16	语伴	yǔbàn	N	language partner	
17	马上	mǎshàng	Adv	right now	马上开始

选用以上词语填空。Choose a suitable word from above to fill in each blank.

Míngtiān wǒ yǒu hěn duō kè, dōu bú zài jiā, wǎnshang zài jiā.
（1）明天 我 有 很 多 课，（ ）都 不 在 家， 晚上 在 家。

Nà jiā fàndiàn hěn yǒu , měi tiān dōu yǒu hěn duō kèrén.
（2）那 家 饭店 很 有（ ），每 天 都 有 很 多 客人。

Zhè shì shénme dìfang? Wǒ yě bù .
（3）这 是 什么 地方？我 也 不（ ）。

Tā nǚpéngyou qù fàndiàn chī fàn.
（4）他（ ） 女朋友 去 饭店 吃 饭。

三、语言点 Language points

兼语句 Pivotal sentences

前一个动词的宾语同时是后一个动词的主语，表邀请、要求别人做某事。

In a pivotal sentence, the object of the first verb is also the subject of the second verb, meaning to invite or ask somebody to do something.

S	+"请、叫、让"	+某人 Somebody	+V
Tā 他	qǐng 请	wǒ 我	cānjiā jùhuì. 参加 聚会。
Bàba 爸爸	jiào 叫	wǒ 我	mǎshàng huí jiā. 马上 回 家。
Tā 他	ràng 让	wǒ 我	gěi tā dǎ diànhuà. 给 他 打 电话。
Tā 他	méi qǐng 没 请	wǒ 我	cānjiā jùhuì. 参加 聚会。

注意："A 请 B 吃饭 / 喝咖啡"的意思是 A 请客。

Attention: The phrase "A 请 B 吃饭 / 喝咖啡" means that A will pay the bill.

"是不是"疑问句 The "是不是" interrogative sentence

希望对某种情况做进一步证实，或表示征求意见，可以用"是不是"疑问句。"是不是"一般在主语和谓语之间。

The "是不是" interrogative sentence is used to get something confirmed, or to ask for somebody's advice. "是不是" is usually inserted between the subject and the predicate.

例如：For example:

Nǐmen shì bú shì xiǎng xiūxi yíxià?
1. A：你们 是不是 想 休息 一下？
Shì de, wǒmen xiǎng xiūxi yíxià.
B：是的，我们 想 休息 一下。

Tā shì bú shì bù xiǎng qù?
2. A：他是不是不 想 去？
Shì de, tā bù xiǎng qù.
B：是的，他不 想 去。

Wǒmen shì bú shì kěyǐ bú shàng kè?
3. A：我们 是不是可以不 上 课？
Bú shì, bù kěyǐ / néng bú shàng kè.
B：不是，不可以 / 能 不 上 课。

Wǒ míngtiān shì bú shì kěyǐ gěi nǐ dǎ diànhuà?
4. A：我 明天 是不是可以给你打 电话？
Bú shì, bù kěyǐ / néng gěi wǒ dǎ diànhuà.
B：不是，不可以 / 能 给我打 电话。

◎ 活动 Activities

1. 三人一组，A 对 B 下指令，发出邀请或要求。C 问 B 发生的事情，B 用"让""请"回答。三分钟后角色交换。

Work in groups of three. A gives an order or invitation to B, C asks B what happened, and B answers with "让" or "请". Swap roles after three minutes and continue.

例：For example:

kàn shū
看 书

A Duì B shuō: Kuài kàn shū!
A 对 B 说： 快 看 书！

C wèn B: Tā ràng nǐ gàn shénme?
C 问 B：他 让 你 干 什么？

B huídá: Tā ràng wǒ kàn shū.
B 回答：他 让 我 看 书。

huí jiā
（1）回家

dǎ diànhuà
（2）打 电话

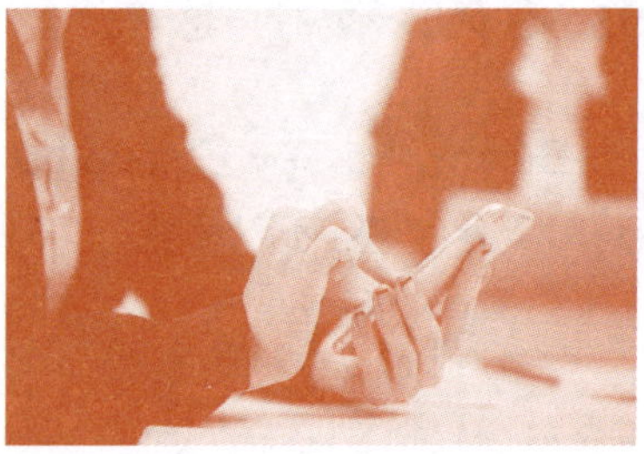

fā duǎnxìn
（3）发 短信

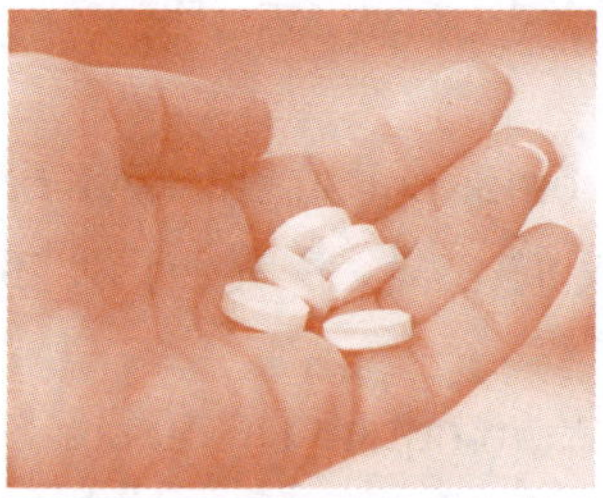

chī yào
（4）吃 药

xiūxi
（5）休息

2. 三人一组，根据提示词，模仿范例，进行对话。

Work in groups of three. Make a dialogue based on the words given after the example.

例：For example:

hē kāfēi
喝 咖啡

A Duì B shuō: Yìqǐ hǎo ma?
A 对 B 说：一起 好 吗？

C wèn B: Tā qǐng nǐ gàn shénme?
C 问 B：他 请 你 干 什么？

B huídá: Tā qǐng wǒ hē kāfēi.
B 回答：他 请 我 喝 咖啡。

kàn diànyǐng
（1）看 电影

tiào wǔ
（2）跳 舞

cānjiā jùhuì
（3）参加 聚会

chī fàn
（4）吃 饭

xiě zì
（5）写 字

3. 两人一组，根据提示词，仿照例子，看图问答。

Work in pairs. Ask and answer questions about the pictures based on the words given after the example.

例：For example:

xiūxi, shàng kè
休息、上 课

Tāmen shì bú shì zài xiūxi?
A：他们 是不是在休息？

Tāmen méi zài xiūxi.
B：他们 没 在 休息。

Tāmen shì bú shì zài shàng kè?
A：他们 是不是在 上 课？

Shì de, tāmen shì zài shàng kè.
B：是的，他们 是 在 上 课。

gōngzuò, dǎ wǎngqiú
（1）工作、打 网球

kàn shū, shàng wǎng
（2）看书、上 网

děng dìtiě, dǎ dī
（3）等 地铁、打的

tiào wǔ, chàng gē
（4）跳 舞、唱 歌

四、课文（一）Text (1)

04-1

听第一遍录音，判断对错。
Listen to the recording and tell whether the following statements are true or false.

Hěn duō tóngxué bù néng cānjiā Ōuwén de shēngrì jùhuì.
（1）很 多 同学 不 能 参加 欧文 的 生日 聚会。（ ）

Kǎmǎlā yě lái cānjiā shēngrì jùhuì.
（2）卡玛拉也来参加 生日 聚会。（ ）

Gāo Xiǎomíng yīnwèi tài máng, bù néng cānjiā shēngrì jùhuì.
（3）高 小明 因为 太 忙，不 能 参加 生日 聚会。（ ）

Hǎilún gēn Tiánzhōng jīntiān shàngwǔ jiàn miàn.
（4）海伦 跟 田中 今天 上午 见 面。（ ）

听第二遍录音，回答问题。Listen to the recording again and answer the questions.

Ōuwén de shēngrì jùhuì shì shénme shíhou?
（1）欧文 的 生日 聚会 是 什么 时候？

Hǎilún xiǎng dài shéi lái cānjiā jùhuì?
（2）海伦 想 带 谁 来 参加 聚会？

Hěn duō rén zhōumò yào gàn shénme?
（3）很 多 人 周末 要 干 什么？

Hǎilún yào ràng Tiánzhōng gàn shénme?
（4）海伦 要 让 田中 干 什么？

分角色朗读课文。Role-play the dialogue.

Ōuwén: Hǎilún, xīngqīwǔ yǒu kòngr ma?
欧文：海伦，星期五有空儿吗？

Hǎilún: Báitiān háishi wǎnshang? Wǎnshang wǒ yǒu kòngr.
海伦：白天还是晚上？ 晚上 我有空儿。

Ōuwén: Wǎnshang. Wǒ xiǎng qǐng nǐ cānjiā wǒ de shēngrì jùhuì.
欧文：晚上。我想请你参加我的生日聚会。

Hǎilún: Xièxie, wǒ yídìng cānjiā. Cānjiā de tóngxué duō ma?
海伦：谢谢，我一定参加。参加的同学多吗？

Ōuwén: Bú tài duō, hěn duō tóngxué zhōumò yǒu yuēhuì, bù néng lái cānjiā.
欧文：不太多，很多同学周末有约会，不能来参加。

Hǎilún: Kǎmǎlā shì wǒ de hǎo péngyou. Wǒ kěyǐ dài tā yìqǐ lái ma?
海伦：卡玛拉是我的好朋友。我可以带她一起来吗？

Ōuwén: Dāngrán kěyǐ. huānyíng yìqǐ lái.
欧文：当然可以，欢迎一起来。

Hǎilún: Nǐ qǐngle Gāo Xiǎomíng cānjiā ma?
海伦：你请了高小明参加吗？

Ōuwén: Wǒ méi qǐng tā cānjiā, tā gǎnmào le, xūyào xiūxi. Wǒ qǐngle Tiánzhōng cānjiā. Nǐmen jīntiān shì bú shì yào jiàn miàn?
欧文：我没请他参加，他感冒了，需要休息。我请了田中参加。你们今天是不是要见面？

Hǎilún: Duì, jīntiān xiàwǔ wǒmen zài jiàoshì jiàn miàn.
海伦：对，今天下午我们在教室见面。

Ōuwén: Nǐ ràng tā míngtiān gàosu wǒ cānjiā bù cānjiā.
欧文：你让他明天告诉我参加不参加。

Hǎilún: Hǎo de, wǒ yídìng gàosu tā. Wǒ jiào tā gěi nǐ fā duǎnxìn.
海伦：好的，我一定告诉他。我叫他给你发短信。

五、课文（二）Text (2)

04-2

听录音，回答问题。Listen to the recording and answer the questions.

Péngyou qǐng Hǎilún chīguo jǐ cì fàn?
（1）朋友请海伦吃过几次饭？

Xiǎomíng jièshào de nà jiā fàndiàn zěnmeyàng?
（2）小明介绍的那家饭店怎么样？

Hǎilún xiǎng qǐng jǐ gè rén?
（3）海伦想请几个人？

Xiǎomíng xiǎng bu xiǎng ràng Hǎilún qǐng kè?
（4）小明想不想让海伦请客？

分角色朗读课文。Role-play the dialogue.

Hǎilún: Xiǎomíng, péngyou qǐng wǒ chīguo hěn duō cì fàn, zhè cì wǒ xiǎng qǐng kè.
海伦：小明，朋友请我吃过很多次饭，这次我想请客。

Gāo Xiǎomíng: Duì, zhè jiào lǐshàngwǎnglái.
高小明：对，这叫礼尚往来。

Hǎilún: Tīngshuō běijīngkǎoyā fēicháng yǒu míng, wǒ xiǎng qǐng péngyou chī kǎoyā. Xiǎomíng, zhèli yǒu chī kǎoyā de fàndiàn ma?
海伦：听说北京烤鸭非常有名，我想请朋友吃烤鸭。小明，这里有吃烤鸭的饭店吗？

Gāo Xiǎomíng: Wǒ xiǎngxiang. Duìle, wǒ jiā fùjìn yǒu yì jiā, yòu hǎochī yòu piányi.
高小明：我想想。对了，我家附近有一家，又好吃又便宜。

Hǎilún: Nà yídìng hěn yǒu rénqì, shì bú shì xūyào yùyuē?
海伦：那一定很有人气，是不是需要预约？

Gāo Xiǎomíng: Wǒ yě bù qīngchu, dǎ diànhuà wèn yíxià ba. Nǐ dǎsuàn qǐng jǐ gè kèrén chī fàn ne?
高小明：我也不清楚，打电话问一下吧。你打算请几个客人吃饭呢？

Hǎilún: Wǒ xiǎng qǐng de kèrén yǒu liǎnggè, yí gè kèrén nǐ rènshi.
海伦：我想请的客人有两个，一个客人你认识。

Gāo Xiǎomíng: Wǒ rènshi nǐ qǐng de kèrén?
高小明：我认识你请的客人？

Hǎilún: Tā xìng Gāo, jiào Gāo Xiǎomíng.
海伦：他姓高，叫高小明。

Gāo Xiǎomíng: Hǎilún, nǐ tài kèqi le, wǒmen shì lǎo péngyou, zhè cì AA zhì ba.
高小明：海伦，你太客气了，我们是老朋友，这次AA制吧。

Hǎilún: Wǒ bú shì kèqi, zhè shì bú shì jiào lǐshàngwǎnglái?
海伦：我不是客气，这是不是叫礼尚往来？

Gāo Xiǎomíng: Hái yǒu yí gè rén shì shéi? Shì bú shì nǐ de yǔbàn?
高小明：还有一个人是谁？是不是你的语伴？

Hǎilún: Duì! Wǒ mǎshàng gěi fàndiàn dǎ diànhuà yùyuē.
海伦：对！我马上给饭店打电话预约。

六、活动 Activity

两人一组，一个请另一个参加聚会、吃饭、喝咖啡、看电影等。五分钟后轮换，继续同样的活动。

Work in pairs. One invites the other to a party, meal, coffee, or movie, etc. Swap roles after five minutes and continue.

七、拓展练习 Extended exercises

听力练习 Listening 04-3

1. 听第一遍录音，判断对错。

Listen to the recording and tell whether the following statements are true or false.

Xiànzài Tiánzhōng zài gōngsī gōngzuò.
（1）现在田中在公司工作。（ ）

Tiánzhōng měi tiān gěi àiren hé háizi dǎ diànhuà.
（2）田中每天给爱人和孩子打电话。（ ）

Tiánzhōng de àiren chángcháng lái Zhōngguó kàn tā.
（3）田中的爱人常常来中国看他。（ ）

Xià gè xīngqī Tiánzhōng xiǎng huí Rìběn.
（4）下个星期田中想回日本。（ ）

2. 听第二遍录音，选择正确答案。

Listen to the recording again and choose the right answers.

A. Tiánzhōng 田中　B. gōngsī 公司　C. àiren 爱人　D. nǚ'ér 女儿　E. Zhōngguó péngyou 中国朋友

ràng Tiánzhōng xué Hànyǔ.
（1）（ ）让田中学汉语。

bù xiǎng ràng Tiánzhōng liúxué.
（2）（ ）不想让田中留学。

ràng àiren měi tiān dǎ diànhuà.
(3)(　　)让 爱人 每 天 打 电话。

ràng Tiánzhōng bú yào dān xīn.
(4)(　　)让 田中 不 要 担 心。

jiào Tiánzhōng huí guó.
(5)(　　)叫 田中 回 国。

xiǎng ràng àiren hé nǚ'ér lái Zhōngguó.
(6)(　　)想 让 爱人 和 女儿 来 中国。

xiǎng qǐng Tiánzhōng de àiren hé nǚ'ér chī kǎoyā.
(7)(　　)想 请 田中 的 爱人 和 女儿 吃 烤鸭。

阅读练习 Reading

明天是田中的生日，很多朋友要来参______(jiā)他的生日聚会。在哪儿吃饭呢？高小明建议田中______(qǐng)大家吃四川菜，他给田中______(jièshào)了一家很有______(rénqì)的四川饭店。四川菜非常辣，但是，田中觉得应该______(ràng)大家尝尝。他让小明马上给饭店打电话预______(yuē)，自己发微信告诉朋友聚会的时间和地方。

1. 根据拼音填写汉字。Fill in the blanks with characters according to the *pinyin.*

2. 根据短文内容连线。Match the persons with what they do according to the passage.

Xiǎomíng 小明	jièshào fàndiàn 介绍 饭店
Tiánzhōng 田中	xiǎng qǐng kè 想 请 客
	gěi péngyou fā wēixìn 给 朋友 发 微信
	jiànyì chī sìchuāncài 建议 吃 四川菜
	gěi fàndiàn dǎ diànhuà 给 饭店 打 电话

3. 组句。Rearrange the words into sentences.

	jùhuì	péngyou	wǒ	wǒ de	shēngrì	qǐng	cānjiā		
(1)	聚会	朋友	我	我 的	生日	请	参加		

____

	jiào	dǎ	bàba	wǒ	gěi	tā	méi	diànhuà	
(2)	叫	打	爸爸	我	给	他	没	电话	

____

	gōngzuò	wǒ	Zhōngguó	ràng	lái	gōngsī			
(3)	工作	我	中国	让	来	公司			

____

	bù	māma	háizi	chī	ràng	tài	tián	de	dōngxi
(4)	不	妈妈	孩子	吃	让	太	甜	的	东西

____

想想本课你学到了哪些有用的词语和句子，请写在下面。

Write down the useful words and sentences you have learned in this lesson.

Dì-wǔ kè Xiànzài, wǒ yǒu hěn duō Zhōngguó péngyou le

第五课 现在，我有很多中国朋友了

Lesson 5 Now, I have many Chinese friends

本课目标 Goals of the lesson

1. 功能：描述某人、某种情况的变化
   Function: To describe the change in somebody or something
2. 语言点：Language points:
   （1）“了”表示变化
   “了” indicating a change
   （2）“要……了”表示动作即将发生
   “要……了” indicating something is going to happen

一、热身 Warm-up

回答问题：Answer the questions:

（1）刚来中国的时候，你不会什么，现在你会什么了？
What can you do now that you didn’t know how to do when you just arrived in China?

（2）刚来中国的时候，你不知道什么，现在你知道什么了？
What do you know now that you didn’t know when you just arrived in China?

（3）刚来中国的时候，你没有什么，现在你有什么了？
What do you have now that you didn’t have when you just arrived in China?

二、词语 New words

1	习惯	xíguàn	V&N	to get used to; habit	对这里的生活不习惯、好习惯
2	还是	háishi	Adv	still	还是不清楚
3	以前	yǐqián	N	before, ago	来中国以前

4	但是	dànshì	Conj	however	
5	讨价还价	tǎojià-huánjià		to bargain	
6	跑步	pǎo bù	VO	to run, to jog	
7	以后	yǐhòu	N	later, after	来中国以后
8	越来越	yuèláiyuè		more and more	越来越贵、越来越好
9	胖	pàng	A	fat	
10	坏	huài	A	bad, ruined, broken	坏人、手机坏了
11	瘦	shòu	A	thin	
12	最	zuì	Adv	(the) most, -est	最好、最喜欢
13	懒	lǎn	A	lazy	睡懒觉
14	努力	nǔlì	A	to work hard	
15	进步	jìnbù	V& A	to improve; progressive	
16	了解	liǎojiě	V	to know about	我很了解他

选用以上词语填空。Choose a suitable word from above to fill in each blank.

Wǒ bú tài zhèli de shēnghuó, měi tiān dōu hěn rè.
（1）我 不 太（　　）这里 的 生活， 每 天 都 很 热。

Tā de Hànyǔ fēicháng kuài.
（2）她 的 汉语（　　）非常 快。

Tā zuìjìn wèikǒu bù hǎo, le.
（3）他 最近 胃口 不 好，（　　）了。

Wǒ gānggāng rènshi tā, bú tài tā.
（4）我 刚刚 认识 他，不 太（　　）他。

三、语言点 Language points

“了”表示变化。“了” indicating a change

“了”用在句尾，可以表示情况发生了变化，出现了新的情况或状态。

“了” is used at the end of a sentence to indicate something has changed, or a new situation or state has occurred.

例如：For example:

Tā yǐqián bù xǐhuan chàng gē, xiànzài xǐhuan le.
1. 他 以前 不 喜欢 唱 歌，现在 喜欢 了。

Lái Zhōngguó yǐqián, wǒ Hànyǔ bù hǎo, xiànzài yuèláiyuè hǎo le.
2. 来 中国 以前，我 汉语 不 好，现在 越来越 好 了。

Zhèli yǐqián méiyǒu dìtiě, xiànzài yǒu le.
3. 这里 以前 没有 地铁，现在 有 了。

Wǒ zuótiān gǎnmào, bù xiǎng chī dōngxi, jīntiān xiǎng chī le.
4. 我 昨天 感冒，不 想 吃 东西，今天 想 吃 了。

"要……了"表示动作即将发生 "要……了" indicating something is going to happen

"要……了"表示动作即将发生，"要"前还可以加"快、马上、就"。

"要……了" is used to indicate something is going to happen. "要" can also be preceded by "快", "马上" or "就".

yào "要"+V+"了"	Wǒmen yào bì yè le. 我 们 要 毕 业 了。
kuàiyào "快要"+V+"了"	Tā kuàiyào huí guó le. 他 快要 回 国 了。
mǎshàng yào "马上 要"+V+"了"	Mǎshàng yào shàng kè le. 马上 要 上 课 了。
jiù yào "就 要"+V+"了"	Xià gè xīngqī jiù yào kǎo shì le. 下 个 星期 就 要 考 试 了。

"就要……了"前面还可以有时间词语。

"就要……了" can be preceded by a time expression.

例如：For example:

Tā xià gè yuè jiù yào huí guó le.
1. 他 下 个 月 就 要 回 国 了。

Wǒmen míngtiān jiù yào qù Běijīng le.
2. 我们 明 天 就 要 去 北 京 了。

◎ 活动 Activity

把下面的词语写在相应的图片下面，然后两人一组，仿照例子，看图问答。

Write the following words under the corresponding pictures. Then work in pairs to ask and answer questions after the example.

yuǎn, jìn
远、近

例（1）：For example: 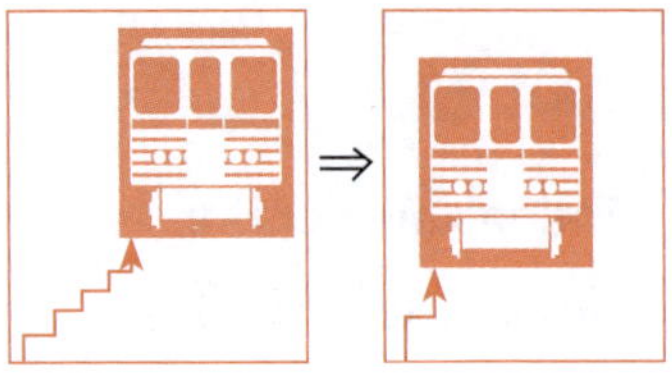

Qù dìtiězhàn yuǎn ma?
A. 去 地铁站 远 吗？

Yǐqián fēicháng yuǎn, xiànzài jìn le.
B. 以前 非常 远，现在 近 了。

wǎn, zǎo　　guì, piányi　　duō, shǎo　　pàng, shòu
词语：A. 晚、早　　B. 贵、便宜　　C. 多、少　　D. 胖、瘦

（1）______________

（2）______________

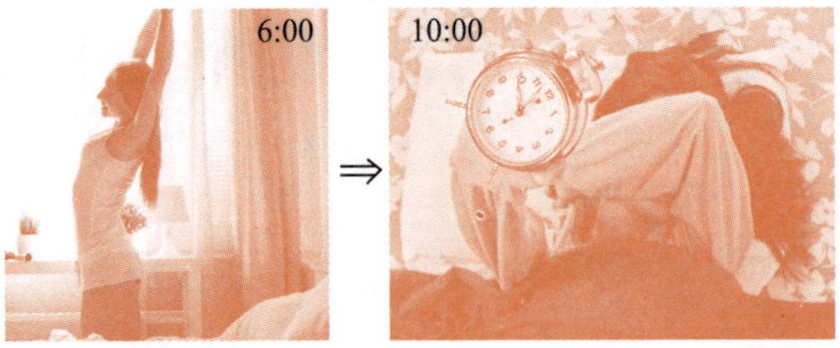

（3）______________

（4）______________

例（2）：For example:

xià bān
下 班（to get off work）

Tā xià bān le ma?
A：她下班了吗？

Tā jiù yào xià bān le.
B：她就要下班了。

shuì jiào　lái　chī fàn　xià yǔ　qǐ chuáng
词语：A. 睡觉　B. 来　C. 吃饭　D. 下雨（to rain）　E. 起床

（1）________

（2）________

（3）________

（4）________

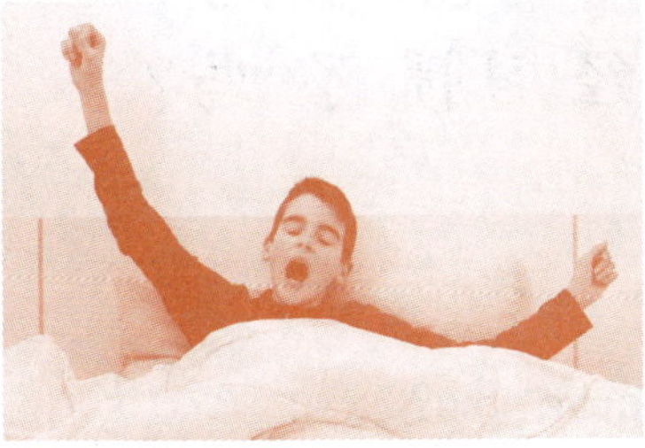

（5）________

四、课文（一）Text (1)

05-1

听第一遍录音，判断对错。

Listen to the recording and tell whether the following statements are true or false.

Lái Zhōngguó yǐqián, Ōuwén huì qí zìxíngchē.
（1）来 中国 以前，欧文 会 骑 自行车。（　　）

Ōuwén zài Zhōngguó mǎi dōngxi de shíhou, huì huán jià.
（2）欧文 在 中国 买 东西 的 时候，会 还 价。（　　）

Ōuwén zài Zhōngguó bù pǎo bù.
（3）欧文 在 中国 不 跑 步。（　　）

Lái Zhōngguó yǐqián, Hǎilún bù xǐhuan hěn zǎo qǐ chuáng.
（4）来 中国 以前，海 伦 不 喜欢 很 早 起 床。（　　）

听第二遍录音，回答问题。Listen to the recording again and answer the questions.

Ōuwén xíguàn Zhōngguó de shēnghuó le ma?
（1）欧文 习惯 中国 的 生活 了 吗？

Gāng lái Zhōngguó de shíhou, Ōuwén huì zuò dìtiě ma?
（2）刚 来 中国 的 时候，欧文 会 坐 地铁 吗？

Ōuwén de shénme hǎo xíguàn méiyǒu le?
（4）欧文 的 什么 好 习惯 没有 了？

Hǎilún xiànzài wèi shénme shòu le?
（4）海伦 现在 为 什么 瘦 了？

分角色朗读课文。Role-play the dialogue.

Hǎilún: Ōuwén, nǐ zài Zhōngguó shēnghuó yǐjīng xíguàn le ma?
海伦：欧文，你 在 中国 生活 已经 习惯 了 吗？

Ōuwén: Wǒ juéde háishi bú tài xíguàn.
欧文：我 觉得 还是 不 太 习惯。

Hǎilún: Lái Zhōngguó yǐqián, nǐ huì qí zìxíngchē ma?
海伦：来 中国 以前，你 会 骑 自行车 吗？

Ōuwén: Bú huì, dànshì zài zhèli qí zìxíngchē hěn fāngbiàn, suǒyǐ wǒ qǐng Zhōngguó péngyou jiāo wǒ, xiànzài yǐjīng huì qí zìxíngchē le.
欧文：不会，但是在这里骑自行车很方便，所以我请中国朋友教我，现在已经会骑自行车了。

Hǎilún: Gāng lái Zhōngguó de shíhou, nǐ zhīdào zěnme zuò gōngjiāochē ma?
海伦：刚来中国的时候，你知道怎么坐公交车吗？

Ōuwén: Bù zhīdào, dànshì wǒ xiànzài huì zuò gōngjiāochē le, yě huì zuò dìtiě le.
欧文：不知道，但是我现在会坐公交车了，也会坐地铁了。

Hǎilún: Gāng lái Zhōngguó de shíhou, nǐ huì mǎi dōngxi ma?
海伦：刚来中国的时候，你会买东西吗？

Ōuwén: Bú huì, dànshì xiànzài wǒ kěyǐ yí gè rén qù chāoshì, shāngdiàn mǎi dōngxi le, yě huì tǎojià-huánjià le.
欧文：不会，但是现在我可以一个人去超市、商店买东西了，也会讨价还价了。

Hǎilún: Lái Zhōngguó yǐqián, nǐ chángcháng yùndòng ma?
海伦：来中国以前，你常常运动吗？

Ōuwén: Duì, wǒ měi tiān pǎo bù. Lái Zhōngguó yǐhòu, xuéxí hěn máng, bù jīngcháng pǎo bù le, yuèláiyuè pàng le.
欧文：对，我每天跑步。来中国以后，学习很忙，不经常跑步了，越来越胖了。

Hǎilún: Nǐ de hǎo xíguàn méiyǒu le, pàng le, wǒ de huài xíguàn méiyǒu le, shòu le.
海伦：你的好习惯没有了，胖了，我的坏习惯没有了，瘦了。

Ōuwén: Hǎilún, nǐ yǒu shénme huài xíguàn?
欧文：海伦，你有什么坏习惯？

Hǎilún: Lái Zhōngguó yǐqián, wǒ zuì xǐhuan shuì lǎn jiào. Xiànzài wǒ yào nǔlì xuéxí, bù néng shuì lǎn jiào le.
海伦：来中国以前，我最喜欢睡懒觉。现在我要努力学习，不能睡懒觉了。

五、课文（二）Text (2)

05-2

听录音，回答问题。Listen to the recording and answer the questions.

Hǎilún lái Zhōngguó yǐqián huì shuō Hànyǔ ma?
（1）海伦 来 中国 以前 会 说 汉语 吗？

Xiànzài Hǎilún huì xiě de Hànzì duō ma?
（2）现在 海伦 会 写 的 汉字 多 吗？

Hǎilún lái Zhōngguó yǐqián yǒu Zhōngguó péngyou ma?
（3）海伦 来 中国 以前 有 中国 朋友 吗？

Ōuwén wèi shénme xiǎng měi tiān qǐng Hǎilún hē kāfēi?
（4）欧文 为 什么 想 每 天 请 海伦 喝 咖啡？

分角色朗读课文。Role-play the dialogue.

Ōuwén: Hǎilún, lái Zhōngguó yǐhòu, nǐ de Hànyǔ jìnbù dà ma?
欧文：海伦，来 中国 以后，你的汉语进步大吗？

Hǎilún: Lái Zhōngguó yǐqián, wǒ méi xuéguo Hànyǔ, xiànzài huì shuō hěn duō Hànyǔ le.
海伦：来 中国 以前，我没学过汉语，现在会说很多汉语了。

Ōuwén: Xiě ne?
欧文：写呢？

Hǎilún: Gāng lái de shíhou bú huì xiě Hànzì, xiànzài huì xiě hěn duō Hànzì le.
海伦：刚来的时候不会写汉字，现在会写很多汉字了。

Ōuwén: Yǐqián nǐ liǎojiě Zhōngguó ma?
欧文：以前你了解 中国 吗？

Hǎilún: Bù liǎojiě, lái Zhōngguó yǐhòu, mànmàn liǎojiě le.
海伦：不了解，来 中国 以后，慢慢了解了。

Ōuwén: Lái Zhōngguó yǐqián, nǐ yǒu Zhōngguó péngyou ma?
欧文：来 中国 以前，你有 中国 朋友吗？

Hǎilún: Zhǐ yǒu yí gè. Xiànzài, wǒ yǒu hěn duō Zhōngguó péngyou le.
海伦：只有一个。现在，我有很多中国朋友了。
Ōuwén, nǐ ne?
欧文，你呢？

Ōuwén: Wǒ yǐqián méiyǒu, xiànzài yě méiyǒu. Yǐhòu ne, nǐ gěi wǒ jièshào jièshào ba.
欧文：我以前没有，现在也没有。以后呢，你给我介绍介绍吧。

Hǎilún: Xíng, nǐ qǐng wǒ hē yí cì kāfēi, wǒ gěi nǐ jièshào yí gè.
海伦：行，你请我喝一次咖啡，我给你介绍一个。

Ōuwén: Nà wǒ měi tiān qǐng nǐ hē.
欧文：那我每天请你喝。

六、活动 Activity

两人一组，使用“来中国以前”“来中国以后”“刚来的时候”“现在”，互相询问来中国以前、以后生活、学习等的变化。五分钟后轮换，继续同样的活动。

Work in pairs to ask about the changes that have happened to each other's lives and study, etc. after coming to China using expressions such as “来中国以前”, “来中国以后”, “刚来的时候”, and “现在”. Swap roles after five minutes and continue.

七、拓展练习 Extended exercises

听力练习 Listening 05-3

1. 听第一遍录音，判断对错。

Listen to the recording and tell whether the following statements are true or false.

Hǎilún zuìjìn shēntǐ bù hǎo.
(1) 海伦 最近 身体 不 好。 (　　)

Hǎilún xiǎng qǐng Tiánzhōng chī fàn.
(2) 海伦 想 请 田中 吃 饭。 (　　)

Ōuwén yě gǎnmào le.
（3）欧文 也 感冒 了。 （ ）

Ōuwén ràng Hǎilún gàosu Tiánzhōng bù néng qù chī fàn le.
（4）欧文 让 海伦 告诉 田中 不 能 去 吃 饭 了。 （ ）

2. 听第二遍录音，根据对话内容，在空格内打√或 ×。

Listen to the recording again and put a tick or cross mark in the blanks.

	fā shāo 发烧		dùzi téng 肚子疼		wèikǒu bù hǎo 胃口不好		tóuténg 头疼	
	zuótiān 昨天	jīntiān 今天	zuótiān 昨天	jīntiān 今天	zuótiān 昨天	jīntiān 今天	zuótiān 昨天	jīntiān 今天
Hǎilún 海伦								
Ōuwén 欧文								

阅读练习 Reading

海伦来中国留学________(yǐqián)，没有学过汉语。刚来中国的________(shíhou)，她没有中国朋友，不会买东西，不知道怎么坐公交车，生活很不习惯，现在都习惯了。在中国，海伦从星期一到星期五学习，周末去超市买东西，或者跟朋友一起玩儿。来中国快半年了，朋友们都说她________(shòu)了，可是，海伦说自己________(pàng)了，因为越来越________(liǎojiě)中国了，汉语越来越好了，朋友越来越多了。

1. 根据拼音填写汉字。Fill in the blanks with characters according to the *pinyin.*

2. 根据短文内容连线。Match the two parts of the sentences according to the passage.

	shēnghuó xíguàn le 生活 习惯 了
	huì mǎi dōngxi le 会 买 东西 了
gāng lái de shíhou 刚 来 的 时候	bú huì zuò chē 不 会 坐 车
xiànzài 现在	bú shòu 不 瘦
	huì shuō Hànyǔ le 会 说 汉语 了
	péngyou duō le 朋友 多 了

3. 判断下面句子里的"了"用得是否正确。

Tell whether "了" in the following sentences are correctly used.

Wǒ zuótiān méiyǒu wèikǒu, jīntiān xiǎng chīle yìdiǎnr dōngxi.
(1) 我 昨天 没有 胃口，今天 想 吃了 一点儿 东西。 (   )

Wǒ míngtiān yǒu shì, bú qù shàng kè le.
(2) 我 明天 有 事，不 去 上 课 了。 (   )

Wǒ yuèláiyuè xǐhuanle Hànyǔ.
(3) 我 越来越 喜欢了 汉语。 (   )

Wǒ jīnnián èrshíyī suì le.
(4) 我 今年 二十一 岁 了。 (   )

Wǒ yǐqián hěn shòu le, xiànzài yě hěn shòu.
(5) 我 以前 很 瘦 了，现在 也 很 瘦。 (   )

Zhèli de dōngxi yǐqián hěn piányi, xiànzài guì le.
(6) 这里 的 东西 以前 很 便宜，现在 贵 了。 (   )

想想本课你学到了哪些有用的词语和句子，请写在下面。

Write down the useful words and sentences you have learned in this lesson.

Dì-liù kè　Tā shuō Hànyǔ shuō de zěnmeyàng?

第六课　她说汉语说得怎么样？

Lesson 6　How well does she speak Chinese?

本课目标 Goals of the lesson

1. 功能：描述、评价某人
   Function: To describe and evaluate somebody
2. 语言点：Language points:
   （1）情态补语 Modal complements
   （2）形容词的重叠 The reduplication of adjectives

一、热身 Warm-up

回答问题：Answer the questions:

（1）你会说汉语吗？说得怎么样？
Can you speak Chinese? And how well do you speak it?

（2）你会开车吗？开得怎么样？
Can you drive? And how is your driving skill?

（3）你喜欢唱歌吗？唱得好听吗？
Do you like singing? Are you a good singer?

（4）你喜欢做菜吗？做得好吃吗？
Do you like cooking? Are you a good cook?

二、词语 New words

1	同屋	tóngwū	N	roommate	
2	踢	tī	V	to kick, to play (soccer)	
3	足球	zúqiú	N	soccer, football	踢足球
4	不过	búguò	Conj	but	

5	比较	bǐjiào	Adv	fairly, comparatively, relatively	
6	样子	yàngzi	N	appearance, shape	
7	个子	gèzi	N	height	个子比较高
8	眼睛	yǎnjing	N	eye	
9	皮肤	pífū	N	skin	
10	白	bái	A	white	
11	头发	tóufa	N	hair	
12	长	cháng	A	long	头发很长
13	黄	huáng	A	yellow	
14	长	zhǎng	V	to grow	长得漂亮
15	详细	xiángxì	A	detailed	
16	巧	qiǎo	A	coincidental	太巧了
17	T 恤	T xù		T-shirt	
18	矮	ǎi	A	short	个子矮
19	帅	shuài	A	handsome	

选用以上词语填空。Choose a suitable word from above to fill in each blank.

Tā de jièshào fēicháng　　, wǒ dōu qīngchu le.
（1）他的 介绍 非常（　　），我 都 清楚 了。

Bàba 60 duō suì, bái　　hěn duō le.
（2）爸爸 60 多 岁，白（　　）很 多 了。

Bàbà 60 duō suì,　　bù hǎo, kàn bù qīngchu dōngxi le.
（3）爸爸 60 多 岁，（　　）不 好，看 不 清楚 东西 了。

Tā yuèláiyuè　　le, tīngshuō yě yǒu nǚpéngyou le.
（4）他 越来越（　　）了，听说 也 有 女朋友 了。

三、语言点 Language points

情态补语 Modal complements

动词或形容词可以带有补语，表示对相应的行为或状态的描述、评价，这样的补语叫情态补语。动词或形容词和情态补语之间一般要用“得”。

A verb or an adjective can be followed by a complement to describe and evaluate the corresponding behavior or state. Such a complement is known as a modal complement. "得" is usually used between the verb or adjective and the modal complement.

肯定形式 Affirmative	de hěn / fēicháng S + V + "得" + "很 / 非常" + A	Tā měi tiān chī de hěn duō. 他每天吃得很多。
否定形式 Negative	de bù S + V + "得" + "不" + A	Nǐ shuō de bú duì. 你说得不对。
疑问形式 Interrogative	de ma S + V + "得" + A + "吗"? de bù S + V + "得" + A "不" A?	Tā jīntiān lái de zǎo ma? 他今天来得早吗? Tā jīntiān lái de zǎo bù zǎo? 他今天来得早不早?

如果动词既有宾语又带补语，宾语不能插在动词和补语之间。可以采用下面两种格式。

If a verb is followed by both an object and a complement, the object cannot be used between the verb and the complement. The following two patterns can be used.

de hěn / fēicháng S + V + O + V + "得" + "很 / 非常" + A	Tā chàng gē chàng de hěn hǎo, tiào wǔ tiào de yě búcuò. 她唱歌唱得很好，跳舞跳得也不错。
de hěn / fēicháng S + O + V + "得" + "很 / 非常" + A	Tā gē chàng de hěn hǎo, wǔ tiào de yě búcuò. 她歌唱得很好，舞跳得也不错。

注意：Note:

Nǐ hē de tài duō le.
1. 你喝得太多了。 (√)

Tā Hànyǔ shuō de fēicháng hǎo.
2. 他汉语说得非常好。 (√)

Tā qí zìxíngchē bù qí de kuài.
3. 他骑自行车不骑得快。 (×)

Tā qǐ chuáng qǐ de hěn zǎo bù zǎo?
4. 他起床起得很早不早? (×)

Tā zuótiān wǎnshang shuì jiào de hěn wǎn.
5. 他昨天晚上睡觉得很晚。 (×)

形容词的重叠 The reduplication of adjectives

有的形容词可以重叠使用，例如：Some adjectives can be reduplicated, for example:

gāogāo (de)　　báibái (de)　　piàopiàoliàngliàng (de)
高高（的）　　白白（的）　　漂漂亮亮（的）

形容词重叠表示程度加深，带有描写意味，有时还带有喜爱、赞扬的感情色彩。

An adjective can be reduplicated to indicate a further degree or to describe something. Sometimes, it conveys the speaker's love or compliment.

Tā gèzi gāogāo de, tóufa chángcháng de, pífū báibái de.
例如：For example: 1. 她个子高高的，头发长长的，皮肤白白的。

Tā měi tiān dōu chuān de piàopiàoliàngliàng de.
2. 她每天都穿得漂漂亮亮的。

◎ 活动 Activity

两人一组，根据提示词，仿照例子，看图问答。

Work in pairs based on the words given. Ask and answer questions about the pictures after the example.

例：For example:

chī fàn, kuài, duō, gāoxìng
吃饭、快、多、高兴

Tā zài gàn shénme?
A：她在干什么？
Tā zài chī fàn.
B：她在吃饭。

Tā chī de kuài ma?
A：她吃得快吗？
Tā chī de bú tài kuài.
B：她吃得不太快。

Tā chī de duō bù duō?
A：她吃得多不多？
Tā chī de hěn duō.
B：她吃得很多。

Tā chī de gāoxìng ma?
A：她吃得高兴吗？
Tā chī de hěn gāoxìng.
B：她吃得很高兴。

dǎ wǎngqiú, hǎo
（1）打 网球 、好

xiě Hànzì, hǎo, kuài
（2）写 汉字、好、 快

shuì jiào, zǎo
（3）睡 觉、早

xǐ yīfu,
（4）洗 衣服（to wash clothes）、
duō, gānjìng
多、 干净

tiào wǔ, hǎo
（5）跳 舞、好

chàng gē, hǎo
（6）唱 歌、好

shuō Hànyǔ, kuài
（7）说 汉语、快

zuò fàn, hǎochī, kuài
（8）做 饭、好吃、 快

四、课文（一）Text (1)

06-1

听第一遍录音，判断对错。

Listen to the recording and tell whether the following statements are true or false.

Hǎilún yǒu yí gè tóngwū.
（1）海伦 有 一个 同屋。（ ）

Hǎilún chuān de hěn piàoliang.
（2）海伦 穿 得 很 漂亮。（ ）

Hǎilún gèzi bǐjiào gāo.
（3）海伦 个子 比较 高。（ ）

Hǎilún xiǎng zhǎo nánpéngyou.
（4）海伦 想 找 男朋友。（ ）

听第二遍录音，回答问题。Listen to the recording again and answer the questions.

Hǎilún tī zúqiú tī de zěnmeyàng?
（1）海伦 踢足球 踢得 怎么样？

Hǎilún zhǎng de zěnmeyàng?
（2）海伦 长 得 怎么样？

Hǎilún Rìyǔ shuō de hǎo bù hǎo?
（3）海伦 日语 说 得 好 不 好？

Xiǎomíng wèi shénme wèn de fēicháng xiángxì?
（4）小明 为 什么 问 得 非常 详细？

分角色朗读课文。Role-play the dialogue.

Gāo Xiǎomíng: Kǎmǎlā, nǐ yǒu tóngwū ba, jièshào jièshào nǐ de tóngwū, hǎo ma?
高小明：卡玛拉，你有同屋吧，介绍介绍你的同屋，好吗？

Kǎmǎlā: Wǒ tóngwū shì yīngguórén, jiào Hǎilún. Tā xǐhuan chàng gē, zhōngwéngē chàng de fēicháng hǎo, hái xǐhuan tī zúqiú, búguò, qiú tī de bú tài hǎo.
卡玛拉：我同屋是英国人，叫海伦。她喜欢唱歌，中文歌唱得非常好，还喜欢踢足球，不过，球踢得不太好。

Gāo Xiǎomíng: Tā shuō Hànyǔ shuō de zěnmeyàng?
高小明：她说汉语说得怎么样？

Kǎmǎlā: Shuō de bǐjiào hǎo, tā hái huì shuō yìdiǎnr Rìyǔ.
卡玛拉：说得比较好，她还会说一点儿日语。

Gāo Xiǎomíng: Tā zhǎng shénme yàngzi?
高小明：她长什么样子？

Kǎmǎlā: Tā gèzi gāogāo de, yǎnjing dàdà de, pífū báibái de, tóufa chángcháng de, huánghuáng de, zhǎng de fēicháng piàoliang.
卡玛拉：她个子高高的，眼睛大大的，皮肤白白的，头发长长的，黄黄的，长得非常漂亮。

Gāo Xiǎomíng: Tā píngshí máng bù máng?
高小明：她平时忙不忙？

Kǎmǎlā: Xiǎomíng, nǐ wèn de hěn xiángxì a, xiǎng gěi tā jièshào nánpéngyou ma?
卡玛拉：小明，你问得很详细啊，想给她介绍男朋友吗？

Gāo Xiǎomíng: Bù, wǒ xiǎng gěi tā jièshào yí gè yǔbàn.
高小明：不，我想给她介绍一个语伴。

Kǎmǎlā: Tài qiǎo le, tā zhèng xiǎng zhǎo yí gè yǔbàn ne.
卡玛拉：太巧了，她正想找一个语伴呢。

五、课文（二） Text (2)

06-2

听录音，回答问题。Listen to the recording and answer the questions.

Kǎmǎlā jīntiān huílai de zǎo bù zǎo?
（1）卡玛拉 今天 回来 得 早 不 早？

Kǎmǎlā rènshi Gāo Xiǎomíng ma?
（2）卡玛拉 认识 高 小明 吗？

Kǎmǎlā juéde Gāo Xiǎomíng zhǎng de zěnmeyàng?
（3）卡玛拉 觉得 高 小明 长 得 怎么样？

Kǎmǎlā juéde Hǎilún shénme shuō de tài wǎn le?
（4）卡玛拉 觉得 海伦 什么 说 得 太 晚 了？

分角色朗读课文。Role-play the dialogue.

Hǎilún: Kǎmǎlā, nǐ jīntiān zěnme huílai de zhème wǎn?
海伦：卡玛拉，你 今天 怎么 回来 得 这么 晚？

Kǎmǎlā: Wǒ qù chāoshì le.
卡玛拉：我 去 超市 了。

Hǎilún: Gāngcái, yí gè Zhōngguó nántóngxué lái zhǎoguo nǐ.
海伦：刚才，一个 中国 男同学 来 找过 你。

Kǎmǎlā: Tā zhǎng shénme yàngzi?
卡玛拉：他 长 什么 样子？

Hǎilún: Tā chuānle yí jiàn Txù, gèzi ǎiǎi de, tóufa hēihēi de, yǒudiǎnr pàng, zhǎng de bǐjiào shuài.
海伦：他 穿了 一件 T 恤，个子 矮矮的，头发 黑黑的，有点儿 胖，长 得比较 帅。

Kǎmǎlā: Tā huì shuō Yīngyǔ ma?
卡玛拉：他 会 说 英语 吗？

Hǎilún: Tā shuō Yīngyǔ shuō de fēicháng hǎo, búguò, shuō de bǐjiào màn.
海伦：他说英语说得非常好，不过，说得比较慢。

Kǎmǎlā: Wǒ zhīdào le, tā shì wǒ de Zhōngguó péngyou Gāo Xiǎomíng.
卡玛拉：我知道了，他是我的中国朋友高小明。

Hǎilún: Tā zhīdào wǒ de míngzi, hái zhīdào wǒ shì nǐ de tóngwū.
海伦：他知道我的名字，还知道我是你的同屋。

Kǎmǎlā: Wǒ gěi tā jièshàoguo nǐ. Tā xiǎng gěi nǐ jièshào yí gè yǔbàn.
卡玛拉：我给他介绍过你。他想给你介绍一个语伴。

Hǎilún: Zhēn bù qiǎo, wǒ zuótiān yǐjīng zhǎole yí gè, nǐ shuō de tài wǎn le.
海伦：真不巧，我昨天已经找了一个，你说得太晚了。

六、活动 Activities

1. 两人一组，A 描述班上一个同学的外貌和他的特点，让 B 猜一猜是谁。

Work in pairs. A describes one of your classmates' appearance and his/her characteristics, and B guesses who he/she is.

2. 一个同学站到讲台前回答问题，其他同学依次用“S + V + O + V + ‘得’ + A + ‘吗’？”迅速提问，如“你唱歌唱得好吗？”要求用已经学过的词语，同样的问题只能问一次。不能迅速提问的同学上去替代回答问题的同学。

One student comes to the front and the other students ask him/her quick questions using the structure “S + V + O + V + 得 + A + 吗？”, for example, “你唱歌唱得好吗？” Use the words already learned and each question can only be asked once. The student who fails to ask quick questions has to replace the one who is asked.

七、拓展练习 Extended exercises

听力练习 Listening 06-3

1. 听第一遍录音，判断对错。

Listen to the recording and tell whether the following statements are true or false.

Tiánzhōng hěn shòu.
(1) 田中 很 瘦。 (   )

Ōuwén měi tiān dōu shuì de bǐjiào zǎo.
(2) 欧文 每 天 都 睡 得 比较 早。 (   )

Ōuwén měi tiān shuì lǎn jiào.
(3) 欧文 每 天 睡 懒 觉。 (   )

Tāmen chángcháng yìqǐ tī qiú.
(4) 他们 常常 一起 踢 球。 (   )

2. 听第二遍录音，根据对话内容，选词填空。

Listen to the recording again and choose the right words to fill in the table.

A. 矮 (ǎi)　B. 比较 好 (bǐjiào hǎo)　C. 高 (gāo)　D. 胖 (pàng)　E. 比较 晚 (bǐjiào wǎn)　F. 瘦 (shòu)　G. 黄 (huáng)

H. 比较 早 (bǐjiào zǎo)　I. 很 好 (hěn hǎo)　J. 黑 (hēi)　K. 又 快 又 好 (yòu kuài yòu hǎo)　L. 不 太 好 (bú tài hǎo)

	gèzi 个子	tóufa 头发	zhǎng de 长得	qǐ de 起得	Hànyǔ shuō de 汉语说得	Hànzì xiě de 汉字写得
Ōuwén 欧文						
Tiánzhōng 田中						

阅读练习 Reading

今天小王穿得很________(shuài)，要去跟他女朋友见________(miàn)。你认识他的女朋友吗？我给你介绍一下：他女朋友________(gèzi)高高的，瘦瘦的，皮肤白白的，头________(fa)长长的，眼________(jing)大大的，________(zhǎng)得非常漂亮。她唱________(gē)唱得很好听，球也打得很不错。

我说得很详细吧。

1. 根据拼音填写汉字。Fill in the blanks with characters according to the *pinyin*.

2. 根据短文内容连线。Match the descriptions with the described according to the passage.

(1)

pífū 皮肤	dà 大
yǎnjing 眼睛	gāo 高
tóufa 头发	bái 白
gèzi 个子	cháng 长

(2)

chuān de 穿　得	hěn hǎotīng 很　好听
chàng de 唱　得	hěn xiángxì 很　详细
dǎ de 打得	hěn shuài 很　帅
jièshào de 介绍　得	hěn búcuò 很　不错

3. 为括号里的词语选择正确的位置。Put the words in the appropriate places.

Tā shuō Hànyǔ shuō de hǎo. bù
（1）他 A 说 汉语 B 说 C 得 D 好。（不）

Tā diànhuà dǎ de duō duō? bù
（2）他 电话 A 打 B 得 C 多 D 多？（不）

Tā shuì de hěn hǎo, chī de hěn shǎo. jiào, fàn
（3）他 A 睡 B 得 很 好，C 吃 D 得 很 少。（觉、饭）

Tā zì de hǎo ma? xiě
（4）他 A 字 B 得 C 好 D 吗？（写）

想想本课你学到了哪些有用的词语和句子，请写在下面。

Write down the useful words and sentences you have learned in this lesson.

Dì-qī kè gōngjiāochē guòlai le, wǒmen shàng chē bā

第七课 公交车过来了，我们上车吧

Lesson 7 The bus is coming. Let's go!

本课目标 Goals of the lesson

1. 功能：介绍公共交通工具的使用方法
   Function: To introduce the usage of public transportation means
2. 语言点：趋向动词
   Language point: Directional verbs

一、热身 Warm-up

回答问题：Answer the questions:

（1）你在中国坐过公交车吗？
Have you ever taken a bus in China?

（2）你知道在中国怎么坐公交车、地铁吗？
Do you know how to take a bus or subway in China?

二、词语 New words

1	就	jiù	Adv	as soon as	五点就起床了
2	一般	yìbān	Adv	generally	
3	打的	dǎ dī	VO	to take a taxi	
4	公交卡	gōngjiāokǎ		bus card	
5	刷	shuā	V	to swipe a card	刷（公交、银行）卡
6	入口	rùkǒu	N	entrance	
7	办	bàn	V	to do	怎么办
8	自动	zìdòng	A	automatic	
9	售票机	shòupiàojī		ticket vending machine	自动售票机

10	投入	tóurù		to put into	
11	硬币	yìngbì	N	coin	投（入）（硬）币
12	……的时候	……de shíhou		when, while	上课的时候
13	扶梯	fútī	N	escalator	
14	电梯	diàntī	N	elevator	坐电梯上去
15	年轻人	niánqīngrén		young people	
	年轻	niánqīng	A	young	
16	老人	lǎorén	N	old people	
17	前门	qiánmén	N	front door	
18	后门	hòumén	N	back door	
19	挤	jǐ	A	crowded	

选用以上词语填空。Choose a suitable word from above to fill in each blank.

Zuò gōnggòngqìchē, kěyǐ ______ gōngjiāokǎ.
（1）坐公共汽车，可以（　　）公交卡。

Jīntiān zuò dìtiě de rén fēicháng duō, tài ______ le.
（2）今天坐地铁的人非常多，太（　　）了。

Zhè jiā chāoshì yǒu zìdòng fútī, yě yǒu ______, fēicháng fāngbiàn.
（3）这家超市有自动扶梯，也有（　　），非常方便。

Nǐ xiǎng zuò dìtiě qù háishi ______ qù?
（4）你想坐地铁去还是（　　）去？

三、语言点 Language point

趋向动词 Directional verbs

趋向动词是表示动作发展方向的动词，分为单纯的和合成的两类。单纯的由一个趋向动语素表示。见下表：

Verbs showing the direction of an action are known as directional verbs, which are divided into simple directional verbs and compound directional verbs. The former type is indicated by only one directional verb. See the table below:

	shàng 上	xià 下	jìn 进	chū 出	huí 回	guò 过	qǐ 起
lái 来	shànglai 上来	xiàlai 下来	jìnlai 进来	chūlai 出来	huílai 回来	guòlai 过来	qǐlai 起来
qù 去	shàngqu 上去	xiàqu 下去	jìnqu 进去	chūqu 出去	huíqu 回去	guòqu 过去	——

例如：For example:

Shàng kè le, wǒmen jìnqu ba.
1. 上课了，我们进去吧。

Wǒmen zuò diàntī shàngqu ba.
2. 我们坐电梯上去吧。

Tā huíqu le, xià gè yuè huílai.
3. 他回去了，下个月回来。

注意：Note:

Tā míngtiān huí Měiguó qù.
1. 他明天回美国去。 （√）

Tā míngtiān huíqu Shànghǎi.
2. 他明天回去上海。 （×）

Nǐ kuài shàng lóu lái.
3. 你快上楼来。 （√）

Nǐ kuài shànglai lóu.
4. 你快上来楼。 （×）

◎ 活动 Activity

两人一组，一个人发出指令“请你起来、出去、进来、上去（讲台）、下来、过来、过去”，让另一人执行。完成后，两人轮换进行。

Work in pairs. One gives orders like “请你起来 / 出去 / 进来 / 上去（讲台）/ 下来 / 过来 / 过去”, etc. and the other does the actions. After finishing it, swap the roles.

四、课文（一）Text (1)

07-1

听第一遍录音，判断对错。

Listen to the recording and tell whether the following statements are true or false.

Hǎilún lái Zhōngguó yǐhòu, hái méi zuòguo dìtiě.
（1）海伦 来 中国 以后，还 没 坐过 地铁。

Hǎilún chūqu de shíhou, chángcháng qí zìxíngchē.
（2）海伦 出去 的 时候，常常 骑 自行车。

Zài Zhōngguó zuò dìtiě, kěyǐ shuā gōngjiāokǎ.
（3）在 中国 坐 地铁，可以 刷 公交卡。

Zhōngguó de dìtiězhàn dōu yǒu zìdòng fútī.
（4）中国 的 地铁站 都 有 自动 扶梯。

听第二遍录音，回答问题。Listen to the recording again and answer the questions.

Hǎilún dǎ dī dǎ de duō bù duō?
（1）海伦 打 的 打 得 多 不 多？

Zài Zhōngguó zuò dìtiě, jìnqu de shíhou xūyào gàn shénme?
（2）在 中国 坐 地铁，进去 的 时候 需要 干 什么？

Zìdòng shòupiàojī zài nǎr?
（3）自动 售票机 在 哪儿？

Xiǎomíng jiā fùjìn de dìtiězhàn yǒu diàntī ma?
（4）小明 家 附近 的 地铁站 有 电梯 吗？

分角色朗读课文。Role-play the dialogue.

Hǎilún: Xiànzài Zhōngguó hěn duō chéngshì dōu yǒu dìtiě. Xiǎomíng, zhèli de dìtiě zěnme zuò?
海伦：现在 中国 很 多 城市 都 有 地铁。小明，这里 的 地铁 怎么 坐？

Gāo Xiǎomíng: Nǐ qùnián jiù lái le, hái méiyǒu zuòguo?
高 小明：你 去年 就 来 了，还 没有 坐过？

Hǎilún: Méiyǒu, wǒ chūqu de shíhou yìbān dōu dǎ dī.
海伦：没有，我 出去 的 时候 一般 都 打的。

Gāo Xiǎomíng: Nǐ yǒu gōngjiāokǎ ma? Jìnqu de shíhou shuā yíxià.
高 小明：你 有 公交卡 吗？进去 的 时候 刷 一下。

Hǎilún: Méiyǒu gōngjiāokǎ zěnme bàn?
海伦：没有 公交卡 怎么 办？

Gāo Xiǎomíng: Jìnqu yǐqián xūyào mǎi piào. Rùkǒu fùjìn yìbān yǒu zìdòng shòupiàojī, yì tóurù yìngbì, piào jiù chūlai le. Jìnqu de shíhou shuā yíxià piào.
高 小明：进去 以前 需要 买 票。入口 附近 一般 有 自动 售票机，一 投入 硬币，票 就 出来 了。进去 的 时候 刷 一下 票。

Hǎilún: Chūlai de shíhou, hái xūyào shuā kǎ ma?
海伦：出来 的 时候，还 需要 刷 卡 吗？

Gāo Xiǎomíng: Hái xūyào shuā yí cì, huòzhě tóurù dìtiěpiào.
高 小明：还 需要 刷 一 次，或者 投入 地铁票。

Hǎilún: Měi gè dìtiězhàn dōu yǒu zìdòng fútī huòzhě diàntī ma?
海伦：每 个 地铁站 都 有 自动扶梯 或者 电梯 吗？

Gāo Xiǎomíng: Bù yídìng, yǒu de dìtiězhàn yǒu, yǒu de dìtiězhàn méiyǒu. Wǒ jiā fùjìn de dìtiězhàn, shàngqu yǒu zìdòng fútī, xiàlai méiyǒu.
高 小明：不 一定，有 的 地铁站 有，有 的 地铁站 没有。我 家 附近 的 地铁站，上去 有 自动扶梯，下来 没有。

Hǎilún: Niánqīngrén kěnéng méiyǒu wèntí, lǎorén xiàqu hěn lèi ba?
海伦：年轻人 可能 没有 问题，老人 下去 很 累 吧？

Gāo Xiǎomíng: Shì a, lǎorén xiàqu huì hěn lèi.
高 小明：是啊，老人 下去 会 很 累。

五、课文（二） Text (2)

07-2

听录音，回答问题。Listen to the recording and answer the questions.

Kǎmălā yǐqián zài Zhōngguó zuòguo gōngjiāochē ma?
（1）卡玛拉 以前 在 中国 坐过 公交车 吗？

Zuò gōngjiāochē de shíhou, yào shuā shénme kǎ?
（2）坐 公交车 的 时候，要 刷 什么 卡？

Shàng chē yǐhòu, wèi shénme yào wǎng lǐmiàn zǒu?
（3）上 车 以后，为 什么 要 往 里面 走？

Zuò gōngjiāochē de shíhou, yìbān cóng qiánmén háishi hòumén xià chē?
（4）坐 公交车 的 时候，一般 从 前门 还是 后门 下 车？

分角色朗读课文。Role-play the dialogue.

Gāo Xiǎomíng hé Kǎmălā zài gōngjiāochēzhàn děng chē
（高 小明 和 卡玛拉 在 公交车站 等 车 Gao Xiaoming and Kamala are waiting for the bus at the bus stop.）

Gāo Xiǎomíng: Kǎmălā, nǐ shì dì-yī cì zài Zhōngguó zuò gōngjiāochē ba.
高 小明：卡玛拉，你 是 第一 次 在 中国 坐 公交车 吧。

Kǎmălā: Shì de. Xiǎomíng, zài Zhōngguó zuò gōngjiāochē zěnme mǎi piào?
卡玛拉：是的。小明，在 中国 坐 公交车 怎么 买 票？

Gāo Xiǎomíng: Yìbān cóng qiánmén shàng chē, shàngqu yǐhòu, shuā gōngjiāokǎ huòzhě tóu bì dōu kěyǐ.
高 小明：一般 从 前门 上 车，上去 以后，刷 公交卡 或者 投币 都 可以。

Kǎmălā: Wǒ méiyǒu gōngjiāokǎ, děi zhǔnbèi yìngbì.
卡玛拉：我 没有 公交卡，得 准备 硬币。

Gāo Xiǎomíng: Chē guòlai le, wǒmen shàng chē ba.
高 小明：车 过来 了，我们 上 车 吧。

shàng chē yǐhòu
（上 车 以后 After getting on the bus...）

Gāo Xiǎomíng: Wǒmen zài dì-wǔ zhàn xià chē. Ménkǒu rén hěn duō, wǎng lǐ zǒu yìdiǎnr ba.
高 小明：我们 在 第五站 下 车。门口 人 很 多，往 里 走 一点儿 吧。

Kǎmǎlā: Hǎo de, lǐmiàn de rén bǐjiào shǎo.
卡玛拉：好 的，里面 的 人 比较 少。

shí fēnzhōng yǐhòu
（十 分钟 以后 Ten minutes later...）

Gāo Xiǎomíng: Chē kāi de zhēn kuài, xiànzài shì dì-sì zhàn le, zhǔnbèi xiàqu ba.
高 小明：车 开 得 真 快，现在 是 第四站 了，准备 下去 吧。

Kǎmǎlā: Zhème zǎo jiù zhǔnbèi?
卡玛拉：这么 早 就 准备？

Gāo Xiǎomíng: Duì, yīnggāi cóng hòumén xiàqu, wǒmen qù nàbian ba, xiàqu de shíhou fāngbiàn.
高 小明：对，应该 从 后门 下去，我们 去 那边 吧，下去 的 时候 方便。

Kǎmǎlā: Xiànzài jiù guòqu ma? Tài jǐ le.
卡玛拉：现在 就 过去 吗？太 挤 了。

Gāo Xiǎomíng: Mànmàn guòqu ba.
高 小明：慢慢 过去 吧。

六、活动 Activity

两人一组，一人问在中国怎么坐公共汽车、地铁，另一人告诉他。

Work in pairs. One asks how to take a bus or subway in China, and the other tells him/her.

七、拓展练习 Extended exercises

听力练习 Listening 07-3

1. 听第一遍录音，判断对错。

Listen to the recording and tell whether the following statements are true or false.

Nán de zài lóu xià gěi nǚ de dǎ diànhuà.
（1）男 的 在 楼 下 给 女 的 打 电话。（ ）

Nán de méiyǒu dài qián.
（2）男 的 没有 带 钱。（ ）

Nǚ de méiyǒu dài gōngjiāokǎ, zhǔnbèi dài qián.
（3）女 的 没有 带 公交卡， 准备 带 钱。（ ）

Tāmen zhǔnbèi dǎ dī chūqu.
（4）他们 准备 打 的 出去。（ ）

2. 听第二遍录音，选择正确答案。

Listen to the recording again and choose the right answers.

Nán de ràng nǚ de kuài diǎnr gàn shénme?
（1）男 的 让 女 的 快 点儿 干 什么？

xiàlai / shàngqu / guòqu / chūqu
A. 下来　B. 上去　C. 过去　D. 出去

Nǚ de xiǎng ràng nán de gàn shénme?
（2）女 的 想 让 男 的 干 什么？

jìnqu / shànglai / xiàlai / chūlai
A. 进去　B. 上来　C. 下来　D. 出来

Xiànzài tāmen zhǔnbèi gàn shénme?
（3）现在 他们 准备 干 什么？

xiàlai / shàngqu / chūqu / xiàqu
A. 下来　B. 上去　C. 出去　D. 下去

Zuótiān nán de gàn shénme le?
（4）昨天 男 的 干 什么 了？

jìnlaiguo / shàngquguo / guòlaiguo / chūquguo
A. 进来过　B. 上去过　C. 过来过　D. 出去过

阅读练习 Reading

卡玛拉第一次在中国坐公交车。公交车来了以后，大家应该从前门上车，______(xiān)投币或者______(shuā)公交______(kǎ)，下车的时候，大家应该从______(hòumén)下去。在车上，______(nián)轻人看到老人上车会起来，让老人坐。下车时，一般也会让老人先下去。

1. 根据拼音填写汉字。Fill in the blanks with characters according to the *pinyin.*

2. 根据短文内容连线。Match the two parts of the sentences according to the passage.

lǎorén 老人	xiàqu 下去
dàjiā cóng qiánmén 大家从前门	qǐlai, ràng lǎorén zuò 起来，让老人坐
dàjiā cóng hòumén 大家从后门	xiān xiàqu 先下去
niánqīngrén 年轻人	shàng 上

3. 选词填空。Choose the right word for each blank.

A. 来 (lái)　B. 去 (qù)

(1) 爸爸，你快回(　　)，我忘了带钥匙(key)，在家门口等你。
Bàba, nǐ kuài huí　　, wǒ wàngle dài yàoshi, zài jiā ménkǒu děng nǐ.

(2) 你家远吗？今天几点回(　　)？下课以后，我们一起打球好吗？
Nǐ jiā yuǎn ma? Jīntiān jǐ diǎn huí　　? Xià kè yǐhòu, wǒmen yìqǐ dǎ qiú hǎo ma?

(3) 今晚你能从家里出(　　)吗？我想请你喝咖啡。
Jīn wǎn nǐ néng cóng jiāli chū　　ma? Wǒ xiǎng qǐng nǐ hē kāfēi.

(4) 我们都在家里，外面冷不冷，你出(　　)就知道了。
Wǒmen dōu zài jiāli, wàimiàn lěng bù lěng, nǐ chū　　jiù zhīdào le.

(5) 我肚子疼，我们坐电梯上(　　)吧。
Wǒ dùzi téng, wǒmen zuò diàntī shàng　　ba.

Zhè jiā fàndiàn hǎo bù hǎo, wǒ yě bù zhīdào, wǒmen jìn kànkan ba.
(6) 这家饭店好不好，我也不知道，我们进（ ）看看吧。

Cóng chūzūchē li xià de rén shì shéi? Nǐ rènshi ma?
(7) 从出租车里下（ ）的人是谁？你认识吗？

Bié shuì lǎn jiào le, kuài qǐ, yǐjīng shí diǎnzhōng le.
(8) 别睡懒觉了，快起（ ），已经十点钟了。

想想本课你学到了哪些有用的词语和句子，请写在下面。

Write down the useful words and sentences you have learned in this lesson.

Dì-bā kè Wǒ jiāo nǐ Hànyǔ, nǐ jiāo wǒ Yīngyǔ

第八课 我教你汉语，你教我英语

Lesson 8 I teach you Chinese and you teach me English

本课目标 Goals of the lesson

1. 功能：找特定的人寻求帮助
   Function: To find somebody for help
2. 语言点：Language points:
   （1）双宾语句 Sentences with two objects
   （2）形容词做定语修饰名词 Adjectives used as attributes to modify nouns

一、热身 Warm-up

回答问题：Answer the questions:

（1）你有语伴吗？他英语说得怎么样？
Do you have a language partner? How well does he/she speak English?

（2）你教你的语伴什么？教得好不好？
What do you teach your language partner? Do you teach him/her well?

（3）第一次跟语伴见面的时候，你说了什么？
What did you say when you first met your language partner?

二、词语 New words

1	家教	jiājiào	N	private tutor	
2	学费	xuéfèi	N	tuition	
	费	fèi	N	fee	电话费、上网费
3	意思	yìsi	N	meaning	什么意思

4	互相	hùxiāng	Adv	each other, mutually	互相学习
5	要求	yāoqiú	N&V	requirement; to require	
6	普通话	pǔtōnghuà	N	Mandarin	说普通话
7	标准	biāozhǔn	A	standard	很标准
8	结果	jiéguǒ	N	result	
9	拉二胡	lā èrhú		to play the *erhu*	
	二胡	èrhú	N	*erhu*, a two-stringed bowed instrument	
10	付	fù	V	to pay	付钱
11	演奏	yǎnzòu	V	to pay (a musical instrument)	
12	特别	tèbié	Adv	specially	
13	把	bǎ	M	*used before objects with handles*	一把二胡
14	礼物	lǐwù	N	gift, present	送礼物、特别的礼物
15	熟人	shúrén	N	acquaintance	
16	消息	xiāoxi	N	news	好消息

选用以上词语填空。Choose a suitable word from above to fill in each blank.

Xuéshēng zài xuéxiào xuéxí, gěi xuéxiào fù .
(1) 学生 在 学校 学习，给 学校 付(   )。

Wǒmen dōu gānggāng lái Zhōngguó, yīnggāi bāngzhù.
(2) 我们 都 刚刚 来 中国，应该 (   ) 帮助。

Tā shuō Yīngyǔ shuō de hěn .
(3) 他 说 英语 说 得很 (   )。

Wǒ yǒu yí gè hǎo , nǐ xiǎng tīng ma?
(4) 我 有 一个好 (   )，你 想 听 吗？

三、语言点 Language points

双宾语句 Sentences with two objects

双宾语句指一个谓语动词后面带有两个宾语的句子，一般一个宾语指人，另一个宾语指事物。例如：

A sentence with two objects refers to a sentence in which the predicate verb is followed by two objects, one indicating somebody and the other something. For example:

Tā sòng wǒ yì bǎ èrhú.
1. 他 送 我 一 把 二胡。

Tā jiāo wǒ Hànyǔ.
2. 他 教 我 汉语。

Tā méi wèn wǒ wèntí.
3. 他 没 问 我 问题。

Wǒ bú gàosu nǐ wǒ de míngzi.
4. 我 不 告诉 你 我 的 名字。

形容词做定语修饰名词 Adjectives used as attributes to modify nouns

形容词做定语修饰名词时，基本规则如下：双音节形容词修饰名词时一般加“的”；副词加单音节形容词修饰名词时加“的”；单音节形容词修饰名词时一般不加“的”。

If an adjective is used as an attribute to modify a noun, the basic rules are as follows: “的” is usually used if a disyllabic adjective modifies a noun, or if an adverb is followed by a monosyllabic adjective to modify a noun; “的” is usually not used if a monosyllabic adjective modifies a noun.

例如：For example:

A (two syllables) + “的” + N	piàoliang de nǚ lǎoshī 漂亮 的 女 老师
Adv + A (one syllable) + “的” + N	hěn hǎo de lǎoshī 很 好 的 老师
A (one syllable) (+ “的”) + N	hǎo lǎoshī 好 老师

注意：使用“很多”做定语时不需要加“的”，例如“很多老师”“很多东西”。

Note: When “很多” (many) is used as an attribute, “的” is not used. For example, “很多老师” (many teachers), “很多东西” (many things).

◎ 活动 Activities

两人一组，根据提示词，仿照例子，看图问答。

Work in pairs. Ask and answer questions about the pictures based on the words given after the example.

例：For example:

sòng, huār
送、花儿（flower）

Nán de zuò shénme le?
A：男的做什么了？

Nán de sòng nǚ de huār le.
B：男的送女的花儿了。

gàosu, mìmì
（1）告诉、秘密（secret）

wèn, míngzi
（2）问、名字

jiāo, Hànyǔ
（3）教、汉语

gěi, shuǐguǒ
（4）给、水果

zhǎo, qián
（5）找、钱

jiè, qián
（6）借、钱

四、课文（一）Text (1)

08-1

听第一遍录音，判断对错。
Listen to the recording and tell whether the following statements are true or false.

Ōuwén dǎsuàn fù xuéfèi gěi yǔbàn.
（1）欧文 打算 付 学费 给 语伴。 （ ）

Ōuwén xiǎng jiāo jiājiào Hànyǔ.
（2）欧文 想 教 家教 汉语。 （ ）

Ōuwén bù zhīdào "yǔbàn" de yìsi.
（3）欧文 不 知道 "语伴" 的 意思。 （ ）

Ōuwén xiǎng zhǎo yí gè nǚ de yǔbàn.
（4）欧文 想 找 一个女的语伴。 （ ）

听第二遍录音，回答问题。Listen to the recording again and answer the questions.

Ōuwén qǐng Wénlì gàn shénme?
（1）欧文 请 文丽 干 什么？

Ōuwén duì yǔbàn yǒu shénme yāoqiú?
（2）欧文 对 语伴 有 什么 要求？

Ōuwén měi xīngqī xiǎng hùxiāng xuéxí jǐ cì?
（3）欧文 每 星期 想 互相 学习 几 次？

Ōuwén shénme shíhou néng zhīdào jiéguǒ?
（4）欧文 什么 时候 能 知道 结果？

分角色朗读课文。Role-play the dialogue.

Ōuwén: Wénlì, néng bu néng gěi wǒ zhǎo yí gè Hànyǔ jiājiào, qǐng tā jiāo wǒ Hànyǔ?
欧文：文丽，能不能给我找一个汉语家教，请他教我汉语？

Wáng Wénlì: Hǎo a. Ōuwén, nǐ zhǔnbèi gěi tā duōshao xuéfèi?
王 文丽：好啊。欧文，你 准备 给 他 多少 学费？

Ōuwén: Wǒ jiào tā Yīngyǔ, wǒ bù gěi tā xuéfèi, tā yě búyòng gěi wǒ xuéfèi.
欧文：我 教 他 英语，我 不 给 他 学费，他 也 不用 给 我 学费。

Wáng Wénlì: Nǐ shì xiǎng zhǎo yǔbàn a?
王 文丽：你 是 想 找 语伴 啊？

Ōuwén: Yǔbàn shì shénme yìsi?
欧文：语伴 是 什么 意思？

Wáng Wénlì: Jiù shì hùxiāng xuéxí de péngyou.
王 文丽：就 是 互相 学习 的 朋友。

Ōuwén: Duì, nǐ néng gěi wǒ jièshào yí gè ma?
欧文：对，你 能 给 我 介绍 一 个 吗？

Wáng Wénlì: Nǐ yǒu shénme yāoqiú ma? Shuō de xiángxì yìdiǎnr.
王 文丽：你 有 什么 要求 吗？说 得 详细 一点儿。

Ōuwén: Yǔbàn yīnggāi huì shuō Yīngyǔ, měi xīngqī xuéxí sān cì.
欧文：语伴 应该 会 说 英语，每 星期 学习 三 次。

Wáng Wénlì: Yào nánshēng háishi nǚshēng?
王 文丽：要 男生 还是 女生？

Ōuwén: Dōu xíng, pǔtōnghuà yīnggāi shuō de biāozhǔn.
欧文：都 行，普通话 应该 说 得 标准。

Wáng Wénlì: Wǒ wènwen wǒ de tóngxué, míngtiān gàosu nǐ jiéguǒ.
王 文丽：我 问问 我 的 同学，明天 告诉 你 结果。

五、课文（二）Text (2)

08-2

听录音，回答问题。Listen to the recording and answer the questions.

Ōuwén qǐng Wáng Wénlì gàn shénme?
（1）欧文 请 王 文丽 干 什么？

Ōuwén shì shénme shíhou duì èrhú gǎn xìngqù de?
（2）欧文 是 什么 时候 对 二胡 感 兴趣 的？

Ōuwén de èrhú shì xīn mǎi de ma?
（3）欧文 的 二胡 是 新 买 的 吗？

Wáng Wénlì shénme shíhou gàosu Ōuwén jiéguǒ?
（4）王 文丽 什么 时候 告诉 欧文 结果？

分角色朗读课文。Role-play the dialogue.

Ōuwén: Wǒ xiǎng qǐng yí gè lǎoshī jiāo wǒ lā èrhú, Wénlì, nǐ néng bāng wǒ zhǎo yí gè ma?
欧文：我想请一个老师教我拉二胡，文丽，你能帮我找一个吗？

Wáng Wénlì: Nǐ xiǎng zhǎo yí gè èrhú jiājiào ma?
王 文丽：你想找一个二胡家教吗？

Ōuwén: Duì, wǒ gěi tā xuéfèi.
欧文：对，我给他学费。

Wáng Wénlì: Ōuwén, nǐ duì lā èrhú gǎn xìngqù?
王 文丽：欧文，你对拉二胡感兴趣？

Ōuwén: Duì, shàng gè xīngqī wǒ tīngle èrhú yǎnzòu, juéde tèbié hǎotīng. Shàng yí cì kè yào fù duōshao qián?
欧文：对，上个星期我听了二胡演奏，觉得特别好听。上一次课要付多少钱？

Wáng Wénlì: Yí gè xiǎoshí sānbǎi kuài zuǒyòu. Nǐ yǒu èrhú ma?
王 文丽：一个小时三百块左右。你有二胡吗？

Ōuwén: Wǒ de péngyou sòngle wǒ yì bǎ èrhú, shì gěi wǒ de
欧文：我的朋友送了我一把二胡，是给我的

shēngrì lǐwù.
生日 礼物。

Wáng Wénlì: Nǐ de péngyou huì lā èrhú ma?
王 文丽：你 的 朋友 会 拉 二胡 吗？

Ōuwén: Huì, tā lā de fēicháng hǎo, dànshì tā gōngzuò tài máng le,
欧文：会，他 拉 得 非常 好，但是 他 工作 太 忙 了，
méiyǒu shíjiān jiāo wǒ.
没有 时间 教 我。

Wáng Wénlì: Tài yíhàn le. Wǒ bàba de shúrén huì lā èrhú, Wǒ ràng wǒ
王 文丽：太 遗憾 了。我 爸爸 的 熟人 会 拉 二胡，我 让 我
bàba wèn yíxià.
爸爸 问 一下。

Ōuwén: Děng nǐ de hǎo xiāoxi.
欧文：等 你 的 好 消息。

Wáng Wénlì: Hǎo de, yì yǒu xiāoxi jiù gàosu nǐ.
王 文丽：好 的，一 有 消息 就 告诉 你。

六、活动 Activity

两人一组，一人需要语伴或家教，请另一人介绍。完成后轮换，继续同样的活动。

Work in pairs. One asks the other to introduce a language partner or private tutor for him/her. Swap roles and continue.

七、拓展练习 Extended exercises

听力练习 Listening 08-3

1. 听第一遍录音，判断对错。

Listen to the recording and tell whether the following statements are true or false.

Nà jiā dàngāodiàn lí xuéxiào hěn jìn.
（1）那 家 蛋糕店 离 学校 很 近。 （ ）

Ōuwén zhīdào nà jiā dàngāodiàn zài nǎr.
(2) 欧文 知道 那 家 蛋糕店 在 哪儿。 ( )

Kǎmǎlā ràng Ōuwén xiān qù mǎi dàngāo.
(3) 卡玛拉 让 欧文 先 去 买 蛋糕。 ( )

Kǎmǎlā hé Ōuwén jīntiān dōu yǒu kè.
(4) 卡玛拉和 欧文 今天 都 有 课。 ( )

2. 听第二遍录音，根据对话内容连线。

Listen to the recording again and match the persons with what they do.

	wàngle dài qián 忘了 带 钱
Ōuwén 欧文	gěile Ōuwén mǎi dàngāo de qián 给了 欧文 买 蛋糕 的 钱
Kǎmǎlā 卡玛拉	wèn péngyou dàngāodiàn zài nǎr 问 朋友 蛋糕店 在 哪儿
Ōuwén hé Kǎmǎlā 欧文 和卡玛拉	sòng Hǎilún shēngrì dàngāo 送 海伦 生日 蛋糕
	qù mǎi shēngrì dàngāo 去 买 生日 蛋糕

阅读练习 Reading

欧文的中国朋友上周末请欧文去听了音乐会。欧文听了二胡演奏以后，对二胡________(tèbié)有兴趣，很想学习______(lā)二胡。他的中国朋友知道以后，送了他一______(bǎ)新二胡，但没有时间教他。欧文发短信问王文丽，有没有会拉二胡的中国学生，他想教中国学生英语，请中国学生教他拉二胡，__________(hùxiāng)学习，都不用______(fù)学费。王文丽说得问问同学，下个星期告诉他_________(jiéguǒ)。

1. 根据拼音填写汉字。Fill in the blanks with characters according to the *pinyin*.

2. 根据短文内容连线。Match the persons with what they do according to the passage.

Ōuwén 欧文	sòng èrhú 送 二胡
Zhōngguó péngyou 中国 朋友	xué lā èrhú 学 拉二胡
Zhōngguó xuéshēng 中国 学生	jiāo lā èrhú 教 拉二胡
Wáng Wénlì 王 文丽	jiāo Yīngyǔ 教 英语
	gàosu jiéguǒ 告诉 结果
	wèn Wáng Wénlì 问 王 文丽
	wèn tóngxué 问 同学

3. 为括号里的词语选择正确的位置。Put the words in the appropriate places.

Tā jiāoguo wǒ qí zìxíngchē. méiyǒu
(1) 他A教过B我C骑D自行车。(没有)

Wǒ xiǎng wèn tā bǐsài jiéguǒ. bù
(2) 我A想B问 他C比赛 结果D。(不)

Tā shì shénme shíhou gàosu nǐ de? shǒujī hàomǎ
(3) 他A是 什么 时候 B 告诉 C你D的?(手机 号码)

Nǐ zhǔnbèi gěi duōshao xuéfèi ? tā
(4) 你 准备A给B多少 C 学费D?(他)

想想本课你学到了哪些有用的词语和句子，请写在下面。

Write down the useful words and sentences you have learned in this lesson.

Dì-jiǔ kè Zhèli de xiàtiān bǐ wǒ lǎojiā rè

第九课 这里的夏天比我老家热

Lesson 9 Summer here is hotter than that in my hometown

本课目标 Goals of the lesson

1. 功能：比较人和事物 Function: To compare people or things
2. 语言点：比较句
Language point: Comparative sentences

一、热身 Warm-up

回答问题：Answer the questions:

（1）这里的天气怎么样？你喜不喜欢？为什么？
How is the weather here? Do you like it? Why or why not?

（2）你的老家在哪里？夏天热不热？老家热还是这里热？
Where is your hometown? Is the summer there hot? Is it hotter in your hometown or here?

二、词语 New words

1	天气	tiānqì	N	weather	好天气、 天气不错
2	一样	yíyàng	A	same, alike	跟……一样
3	差不多	chàbuduō	A	almost the same	
4	夏天	xiàtiān	N	summer	
5	热	rè	A	hot	夏天很热
6	冬天	dōngtiān	N	winter	
7	冷	lěng	A	cold	冬天很冷
8	春天	chūntiān	N	spring	

9	暖和	nuǎnhuo	A	warm	春天很暖和
10	秋天	qiūtiān	N	autumn	
11	凉快	liángkuai	A	cool (weather)	秋天很凉快
12	下雪	xià xuě		to snow	
	雪	xuě	N	snow	大雪、小雪
13	比	bǐ	Prep	than	我比你高
14	温度	wēndù	N	temperature	
15	左右	zuǒyòu	N	around, approximately	三十人左右
16	低	dī	A	low	
17	预报	yùbào	N&V	forecast, prediction; to forecast	天气预报
18	更	gèng	Adv	even more	明天更热
19	刮	guā	V	(of wind) to blow	
20	台风	táifēng	N	typhoon	刮台风
21	下雨	xià yǔ		to rain	
	雨	yǔ	N	rain	大雨、小雨

选用以上词语填空。Choose a suitable word from above to fill in each blank.

Wǒ jīntiān zǎoshang tīngle ______ yùbào.
（1）我 今天 早上 听了（ ）预报。

Jīntiān zuì gāo ______ yǒu 37 dù.
（2）今天 最 高（ ）有 37 度。

Zhèli de xiàtiān chángcháng guā ______.
（3）这里 的 夏天 常常 刮（ ）。

Wǒ ______ tā gāo yìdiǎnr.
（4）我（ ）他 高 一点儿。

三、语言点 Language point

比较句 Comparative sentences

比较两个事物性质或特点的句子叫比较句，常见的比较句有：

Sentences that compare the nature or characteristics of two things are known as comparative sentences. Commonly used comparative sentences include the following types:

比较句（1）Comparative sentences (1)

疑问形式 Interrogative form	bǐ ma X +“比”+ Y + A +“吗”？
肯定形式 Affirmative form	bǐ X +“比”+ Y + A bǐ yìdiǎnr X +“比”+ Y + A +“一点儿” bǐ hěn duō / duō le X +“比”+ Y + A +“很 多 / 多 了” bǐ hái / gèng X +“比”+ Y +“还 / 更”+ A
否定形式 Negative form	méiyǒu zhème / nàme X +“没有”+ Y(+“这么”/“那么”)+ A

注意：Note:

bǐ bǐjiào / hěn / fēicháng / tài
X +“比”+ Y +“比较”/“很”/“非常”/“太”+ A ×

例如：For example:

Tā bǐ nǐ gāo ma?
1. A：他 比 你 高 吗？

Tā bǐ wǒ gāo. = Wǒ méiyǒu tā (nàme) gāo.
B：他 比 我 高。= 我 没有 他（那么）高。

Tā bǐ nǐ gāo duōshao?
A：他 比 你 高 多少？

Tā bǐ wǒ gāo yìdiǎnr / hěnduō / duō le.
B：他 比 我 高 一点儿 / 很多 / 多 了。

Jīntiān bǐ zuótiān rè ma?
2. A：今天 比 昨天 热吗？

Zuótiān hěn rè, búguò, jīntiān bǐ zuótiān hái / gèn rè.
B：昨天 很 热，不过，今天 比 昨天 还 / 更 热。

= Zuótiān méiyǒu jīntiān (zhème) rè.
= 昨天 没有 今天（这么）热。

比较句（2）Comparative sentences (2)

疑问形式 Interrogative form	yǒu zhème / nàme ma X+"有"+Y(+"这么"/"那么")+A+"吗"？ yǒu méiyǒu zhème / nàme X+"有 没有"+Y(+"这么"/"那么")+A？
肯定形式 Affirmative form	yǒu zhème / nàme X+"有"+Y(+"这么"/"那么")+A
否定形式 Negative form	méiyǒu zhème / nàme X+"没有"+Y(+"这么"/"那么")+A

例如：For example:

Tā de Hànyǔ yǒu nǐ (zhème) hǎo ma?
1. A：他 的 汉语 有 你（这么）好 吗？

Tā de Hànyǔ yǒu wǒ (zhème) hǎo.
B：他 的 汉语 有 我（这么）好。

Zhè jiā fàndiàn yǒu méiyǒu nà jiā fàndiàn (nàme) dà?
2. A：这 家 饭店 有 没有 那 家 饭店（那么）大？

Zhè jiā fàndiàn méiyǒu nà jiā fàndiàn (nàme) dà.
B：这 家 饭店 没有 那 家 饭店（那么）大。

比较句（3）Comparative sentences (3)

疑问形式 Interrogative form	gēn yíyàng ma X+"跟"+Y+"一样"(+A)+"吗"？
肯定形式 Affirmative form	gēn yíyàng X+"跟"+Y+"一样"(+A)
否定形式 Negative form	gēn bù yíyàng X+"跟"+Y+"不 一样"

例如：For example:

Zhèli de huánjìng gēn nàli yíyàng (hǎo) ma?
1. A：这里的 环境 跟 那里 一样（好）吗？

Zhèli de huánjìng gēn nàli yíyàng (hǎo). /
B：这里的 环境 跟 那里 一样（好）。/

Zhèli de huánjìng gēn nàli bù yíyàng.
这里的 环境 跟 那里 不 一样。

◎ 活动 Activity

两人一组，根据提示词，仿照例子，看图问答。

Work in pairs. Ask and answer questions about the pictures based on the words given after the example.

例（1）：For example:

Běijīng 32 dù 北京 32 度
Shànghǎi 35 dù 上海 35 度

gāo
高

Běijīng gēn Shànghǎi de wēndù yíyàng ma?
A：北京 跟 上海 的 温度 一样 吗？

Shànghǎi bǐ Běijīng gāo.
B：上海 比 北京 高。

Shànghǎi bǐ Běijīng gāo duōshao?
A：上海 比 北京 高 多少？

Shànghǎi bǐ Běijīng gāo 3 dù.
B：上海 比 北京 高 3 度。

nán de 19 suì,
（1）男 的 19 岁、
nǚ de 29 suì, dà
女的 29 岁、大

bàba 2 mǐ,
（2）爸爸 2 米（meter）、
māma 1.5 mǐ, gāo
妈妈 1.5 米、高

zhè zhǒng shǒujī sìqiān kuài,
（3）这 种 手机 四千 块、
nà zhǒng shǒujī liǎngqiān kuài, guì
那 种 手机 两千 块、贵

jīntiān 37 dù,
（4）今天 37 度、
míngtiān 30 dù, rè
明天 30 度、热

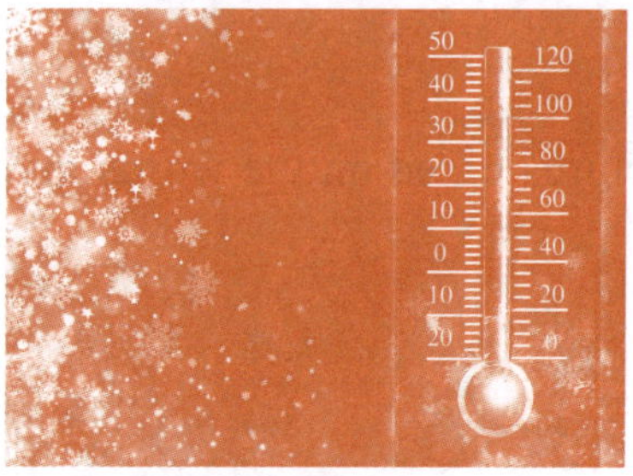

jīntiān -5 dù,
（5）今天 −5 度、
míngtiān -15 dù, lěng
明天 −15 度、冷

Tiánzhōng yǒu liù gè Zhōngguó péngyou,
（6）田中 有 六 个 中国 朋友、
Ōuwén yǒu yí gè Zhōngguó péngyou, duō
欧文 有 一 个 中国 朋友、多

四、课文（一）Text (1)

09-1

听第一遍录音，判断对错。

Listen to the recording and tell whether the following statements are true or false.

Rìběn de tiānqì gēn zhèli bú tài yíyàng.
（1）日本 的 天气 跟 这里 不 太 一样。 （ ）

Zhèli chūntiān liángkuai.
（2）这里 春天 凉快。 （ ）

Zhèli de xiàtiān bǐ Kǎmǎlā de lǎojiā rè yìdiǎnr.
（3）这里 的 夏天 比 卡玛拉 的 老家 热 一点儿。 （ ）

Kǎmǎlā lǎojiā de dōngtiān gēn chūntiān yíyàng nuǎnhuo.
（4）卡玛拉 老家 的 冬天 跟 春天 一样 暖和 。 （ ）

听第二遍对话，回答问题。Listen to the recording again and answer the questions.

Tiánzhōng hé Kǎmǎlā zài shuō shénme?
（1）田中 和卡玛拉在 说 什么？

Zài zhèli, dōngtiān xià xuě de dìfang duō bù duō?
（2）在 这里，冬天 下 雪 的 地方 多 不 多？

Kǎmǎlā lǎojiā de xiàtiān yǒu méiyǒu zhèli rè?
（3）卡玛拉 老家 的 夏天 有 没有 这里 热？

Kǎmǎlā de lǎojiā zuì lěng de shíhou shì duōshao dù?
（4）卡玛拉 的 老家 最 冷 的 时候 是 多少 度？

分角色朗读课文。Role-play the dialogue.

Kǎmǎlā: Tiánzhōng, Rìběn de tiānqì gēn zhèli yíyàng ma?
卡玛拉：田中，日本的天气跟这里一样吗？

Tiánzhōng: Gēn zhèli chàbuduō, xiàtiān rè, dōngtiān lěng, chūntiān nuǎnhuo, qiūtiān liángkuai.
田中：跟这里差不多，夏天热，冬天冷，春天暖和，秋天凉快。

Kǎmǎlā: Dōngtiān xià xuě ma?
卡玛拉：冬天下雪吗？

Tiánzhōng: Gēn zhèli yíyàng, hěn duō dìfang xià xuě. Kǎmǎlā, nǐ de lǎojiā tiānqì zěnmeyàng?
田中：跟这里一样，很多地方下雪。卡玛拉，你的老家天气怎么样？

Kǎmǎlā: Wǒ lǎojiā de dōngtiān bǐ zhèli nuǎnhuo, xiàtiān méiyǒu zhèli rè, chūntiān hé qiūtiān gēn zhèli chàbuduō.
卡玛拉：我老家的冬天比这里暖和，夏天没有这里热，春天和秋天跟这里差不多。

Tiánzhōng: Xiàtiān zuì gāo wēndù yǒu duōshao?
田中：夏天最高温度有多少？

Kǎmǎlā: 32 dù zuǒyòu, bǐ zhèli dī duō le.
卡玛拉：32度左右，比这里低多了。

Tiánzhōng: Dōngtiān zuì dī wēndù yǒu duōshao?
田中：冬天 最低温度有多少？

Kǎmǎlā: 8 dù zuǒyòu, méiyǒu zhèli zhème lěng, bú xià xuě.
卡玛拉：8度左右，没有这里这么冷，不下雪。

Tiánzhōng: Dōngtiān bù lěng, xiàtiān bú rè, zhēnde shì gè hǎo dìfang a.
田中：冬天 不冷，夏天不热，真的是个好地方啊。

Kǎmǎlā: Duì, bǐ zhèli shūfu duō le.
卡玛拉：对，比这里舒服多了。

五、课文（二） Text (2)

09-2

听录音，回答问题。Listen to the recording and answer the questions.

Ōuwén lǎojiā de xiàtiān yǒu méiyǒu Hǎilún lǎojiā rè?
（1）欧文 老家 的 夏天 有 没有 海伦 老家 热？

Zhèli shénme shíhou guā táifēng?
（2）这里 什么 时候 刮 台风？

Zhèli de xiàtiān shénme shíhou huì liángkuai yìdiǎnr?
（3）这里的 夏天 什么 时候 会 凉快 一点儿？

Hǎilún wèi shénme juéde guā táifēng bù hǎo?
（4）海伦 为 什么 觉得 刮 台风 不 好？

分角色朗读课文。Role-play the dialogue.

Hǎilún: Zhège xīngqī měi tiān dōu shì 35 dù zuǒyòu, zhēn rè a. Ōuwén nǐ juéde rè ma?
海伦：这个星期每天都是35度左右，真热啊。欧文你觉得热吗？

Ōuwén: Zhèli tài rè le, bǐ wǒ de lǎojiā rè duō le.
欧文：这里太热了，比我的老家热多了。

Hǎilún: Tīng tiānqì yùbào shuō, míngtiān 36 dù.
海伦：听天气预报说，明天36度。

Ōuwén: Míngtiān bǐ jīntiān gèng rè a, zhēnde bù xiǎng chūqu le. Hǎilún, nǐ de lǎojiā zěnmeyàng?
欧文：明天比今天更热啊，真的不想出去了。海伦，你的老家怎么样？

Hǎilún: Wǒ lǎojiā de xiàtiān gēn zhèli yíyàng, yě fēicháng rè.
海伦：我老家的夏天跟这里一样，也非常热。

Ōuwén: Tīngshuō zhèli de xiàtiān hé qiūtiān chángcháng guā táifēng, xià dà yǔ.
欧文：听说这里的夏天和秋天常常刮台风，下大雨。

Hǎilún: Guā táifēng dehuà, tiānqì jiù liángkuai de duō.
海伦：刮台风的话，天气就凉快得多。

Ōuwén: Jīnnián táifēng shénme shíhou lái ne?
欧文：今年台风什么时候来呢？

Hǎilún: Tīngshuō jīnnián lái de bǐjiào wǎn.
海伦：听说今年来得比较晚。

Ōuwén: Lái de wǎn bǐ bù lái hǎo, mànmàn děng ba.
欧文：来得晚比不来好，慢慢等吧。

Hǎilún: Táifēng háishi bié lái le. Guā táifēng dehuà, gōngzuò hé shēnghuó huì hěn bù fāngbiàn de.
海伦：台风还是别来了。刮台风的话，工作和生活会很不方便的。

六、活动 Activity

两人一组，互相询问对方老家的情况（天气、人口、商业、交通等），两个人互相比较或者跟中国比较。再互相询问对方喜欢哪个季节，为什么喜欢。

Work in pairs. Ask about each other's hometowns, including the weather, population, commerce and traffic, etc. Compare such aspects of each other's hometowns or compare them with the cases in China. Then ask each other which season he/she likes and why.

七、拓展练习 Extended exercises

听力练习 Listening 09-3

1. 听第一遍录音，判断对错。

Listen to the recording and tell whether the following statements are true or false.

Ōuwén xuéxí Hànyǔ bǐ dìdi zǎo.
（1）欧文 学习 汉语 比弟弟早。 （ ）

Dìdi lái Zhōngguó yǐqián xuéguo yìdiǎnr Hànyǔ.
（2）弟弟来 中国 以前 学过 一点儿汉语。 （ ）

Ōuwén gēn dìdi yíyàng shuài.
（3）欧文 跟弟弟 一样 帅。 （ ）

Dìdi bǐ Ōuwén jìnbù kuài.
（4）弟弟比 欧文 进步 快。 （ ）

2. 听第二遍录音，选择正确答案。

Listen to the recording again and choose the right answers.

Ōuwén de dìdi shénme shíhou lái Zhōngguó de?
（1）欧文 的弟弟 什么 时候 来 中国 的？

qùnián jiǔ yuè / jīnnián jiǔ yuè / jīnnián qī yuè
A. 去年九月 B. 今年九月 C. 今年七月

Ōuwén jīnnián duōshao suì?
（2）欧文 今年 多少 岁？

19 suì / 21 suì / 20 suì
A. 19 岁 B. 21 岁 C. 20 岁

Ōuwén de dìdi xuéxí zěnmeyàng?
（3）欧文 的弟弟学习 怎么样？

méiyǒu gēge nǔlì / bǐ gēge nǔlì / gēn gēge yíyàng nǔlì
A. 没有 哥哥 努力　B. 比哥哥努力　C. 跟 哥哥 一样 努力

Ōuwén de dìdi juéde míngnián zìjǐ de Hànyǔ huì zěnmeyàng?
（4）欧文 的弟弟觉得 明年 自己的 汉语 会 怎么样？

bǐ gēge hǎo / gēn gēge yíyàng / méiyǒu gēge hǎo
A. 比哥哥 好　B. 跟 哥哥 一样　C. 没有 哥哥 好

阅读练习 Reading

春节（Chūnjié）（Spring Festival）我跟中国朋友一起去了他的老家云南（Yúnnán）。现在是______（dōngtiān），可是在云南，跟春天______（yíyàng），非常暖和。听说那里的夏天也很舒服，最______（gāo）温度只有30______（dù）左右。云南一年四季的天气都很好，雨下得不多，风也不大。冬天不下______（xuě），夏天不______（guā）台风。云南一年的温度都差不多，真是个好地方。

1. 根据拼音填写汉字。Fill in the blanks with characters according to the *pinyin*.

2. 根据短文内容连线。

Match the seasons/time with the weather conditions according to the passage.

	bú rè 不热
xiàtiān 夏天	bù lěng 不冷
	fēng bú dà 风不大
dōngtiān 冬天	wēndù chàbuduō 温度差不多
	bú xià xuě 不下雪
yì nián 一年	bù guā táifēng 不刮台风

3. 选词填空。Choose the right word for each blank.

gēn　　méiyǒu　　bǐ
A. 跟　　B. 没有　　C. 比

Jīntiān　　zuótiān lěng yìdiǎnr.
(1) 今天 (　　) 昨天 冷 一点儿。

Jīntiān　　zuótiān yíyàng lěng.
(2) 今天 (　　) 昨天 一样 冷。

Jīntiān　　zuótiān nàme lěng.
(3) 今天 (　　) 昨天 那么 冷。

Shuō　　zuò róngyì.
(4) 说 (　　) 做 容易。

Zuò dìtiě　　dǎ dī yíyàng kuài.
(5) 坐 地铁 (　　) 打 的 一样 快。

Qǐ de zǎo　　qǐ de wǎn hǎo.
(6) 起 得 早 (　　) 起 得 晚 好。

想想本课你学到了哪些有用的词语和句子，请写在下面。

Write down the useful words and sentences you have learned in this lesson.

Dì-shí kè Zúqiú bǐsài hěn jīngcǎi

第十课 足球比赛很精彩

Lesson 10 The football match is amazing

本课目标 Goals of the lesson

1. 功能：围绕某大型活动进行交谈
   Function: To talk about a big event
2. 语言点：Language points:
   复习 1—9 课的重要语言点
   Review of the important language points in Lessons 1-9

一、热身 Warm-up

回答问题：Answer the questions:

（1）你喜欢什么运动？常常看什么运动比赛？
What sports do you like? What sports do you often watch?

（2）你的国家什么运动成绩比较好？
What sports does your country do well in?

二、词语 New words

1	迷	mí		fan, enthusiast	足球迷
2	世界杯	shìjièbēi		World Cup	
3	转播	zhuǎnbō	V	to broadcast	转播世界杯
4	队	duì	N	team	足球队、中国队
5	精彩	jīngcǎi	A	fantastic, thrilling	
6	赢	yíng	V	to win	
7	实力	shílì	N	strength	
8	强	qiáng	A	strong	实力强

9	输	shū	V	to lose	
10	技术	jìshù	N	skill, technique	
11	房间	fángjiān	N	room	
12	结束	jiéshù	V	to end	
13	比	bǐ	V	to (in a score)	二比一
14	机会	jīhuì	N	chance	好机会
15	运气	yùnqi	N	luck	好运气
16	紧张	jǐnzhāng	A	intense	
17	加油	jiā yóu	VO	to make a greater effort, to cheer	

选用以上词语填空。Choose a suitable word from above to fill in each blank.

Bǐsài jiéguǒ shì èr ______ líng.
（1）比赛 结果 是二（　　）零。

Tāmen shílì tài qiáng, wǒmen méiyǒu yíng de ______.
（2）他们 实力太 强， 我们 没有 赢 的（　　）。

Zuótiān de bǐsài, tāmen yíng le, wǒmen ______ le.
（3）昨天 的比赛，他们 赢 了，我们（　　）了。

Wǒmen de shílì yíyàng, tāmen ______ hěn hǎo, suǒyǐ yíng le.
（4）我们 的实力一样，他们（　　）很 好，所以 赢 了。

三、课文（一）Text (1)

10-1

听第一遍录音，判断对错。
Listen to the recording and tell whether the following statements are true or false.

Jīn wǎn yǒu jīngcǎi de bǐsài.
（1）今晚 有 精彩 的比赛。　（　　）

Hán Měijīng hé Ōuwén dōu tèbié xǐhuan zúqiú.
（2）韩 美京 和 欧文 都特别 喜欢 足球。　（　　）

Hán Měijīng yí gè rén qù Ōuwén de fángjiān kàn diànshì.
(3) 韩 美京 一个人去 欧文 的 房间 看 电视。 ( )

Hán Měijīng de fángjiān méiyǒu diànshì.
(4) 韩 美京 的 房间 没有 电视。 ( )

听第二遍录音，回答问题。Listen to the recording again and answer the questions.

Jīn wǎn diànshì zhuǎnbō shénme?
(1) 今晚 电视 转播 什么？

Ōuwén wèi shénme juéde měiguóduì huì yíng?
(2) 欧文 为 什么 觉得 美国队 会 赢？

Hán Měijīng wèi shénme juéde hánguóduì huì yíng?
(3) 韩 美京 为 什么 觉得 韩国队 会 赢？

Ōuwén wèi shénme huānyíng Hán Měijīng qù kàn bǐsài?
(4) 欧文 为 什么 欢迎 韩 美京 去看 比赛？

分角色朗读课文。Role-play the dialogue.

Hán Měijīng: Ōuwén, tīngshuō nǐ shì gè zúqiúmí. Jīn wǎn yǒu shìjièbēi bǐsài, nǐ yídìng kàn diànshì zhuǎnbō ba.
韩美京：欧文，听说你是个足球迷。今晚有世界杯比赛，你一定看电视转播吧。

Ōuwén: Dāngrán kàn, jīn wǎn shì hánguóduì gēn měiguóduì bǐsài, yídìng hěn jīngcǎi. Hán Měijīng, nǐ yě shì gè zúqiúmí?
欧文：当然看，今晚是韩国队跟美国队比赛，一定很精彩。韩美京，你也是个足球迷？

Hán Měijīng: Duì, wǒ gēn nǐ yíyàng. Nǐ juéde jīn wǎn nǎge duì huì yíng?
韩美京：对，我跟你一样。你觉得今晚哪个队会赢？

Ōuwén: Wǒ juéde hánguóduì de shílì méiyǒu měiguóduì qiáng, yídìng huì shū.
欧文：我觉得韩国队的实力没有美国队强，一定会输。

Hán Měijīng: Wǒ juéde hánguóduì de jìshù bǐ měiguóduì hǎo yìxiē, yídìng huì yíng.
韩美京：我觉得韩国队的技术比美国队好一些，一定会赢。

Ōuwén: Shéi yíng shéi shū, wǎnshang jiù zhīdào le.
欧文：谁赢谁输，晚上就知道了。

Hán Měijīng: Kěshì, wǒ fángjiān de diànshì zuótiān huài le, bù néng kàn le.
韩美京：可是，我房间的电视昨天坏了，不能看了。

Ōuwén: Lái wǒ de fángjiān kàn ba, jīntiān yǒu hěn duō tóngxué lái kàn, hěn rènao.
欧文：来我的房间看吧，今天有很多同学来看，很热闹。

Hán Měijīng: Wǒ néng dài wǒ de Hánguó tóngwū lái ma?
韩美京：我能带我的韩国同屋来吗？

Ōuwén: Fēicháng huānyíng.
欧文：非常欢迎。

Hán Měijīng: Nà wǎnshang jiàn.
韩美京：那晚上见。

四、课文（二）Text (2)

10-2

听录音，回答问题。Listen to the recording and answer the questions.

Bǐsài jiéshùle méiyǒu?
(1) 比赛结束了没有？

Hánguóduì tī de zěnmeyàng?
(2) 韩国队踢得怎么样？

Wèi shénme háishi líng bǐ líng?
(3) 为什么还是零比零？

Ōuwén zài gěi nǎge duì jiā yóu?
(4) 欧文在给哪个队加油？

分角色朗读课文。Role-play the dialogue.

Ōuwén: Bǐsài kuài yào jiéshù le, háishi líng bǐ líng.
欧文：比赛快要结束了，还是零比零。

Hán Měijīng: Měiguóduì jīntiān tī de fēicháng hǎo.
韩美京：美国队今天踢得非常好。

Ōuwén: Hánguóduì tī de yě búcuò.
欧文：韩国队踢得也不错。

Hán Měijīng: Hánguóduì yǒu hěn duō cì hǎo jīhuì, kěshì dōu méi néng jìn qiú.
韩美京：韩国队有很多次好机会，可是都没能进球。

Ōuwén: Měiguóduì yě yíyàng, yùnqi bù hǎo.
欧文：美国队也一样，运气不好。

Hán Měijīng: Bǐsài tài jǐnzhāng le, hánguóduì jiā yóu! Ōuwén, nǐ zài gěi měiguóduì jiā yóu ma?
韩美京：比赛太紧张了，韩国队加油！欧文，你在给美国队加油吗？

Ōuwén: Dāngrán le, wǒ shì měiguóduì qiúmí.
欧文：当然了，我是美国队球迷。

Hán Měijīng: Jīn wǎn de bǐsài shì bú shì líng bǐ líng ne?
韩美京：今晚的比赛是不是零比零呢？

Ōuwén: Kànkan shéi de yùnqi gèng hǎo.
欧文：看看谁的运气更好。

五、活动 Activity

两人一组，问问同学是什么"迷"，喜欢什么运动，喜欢看什么比赛。五分钟后轮换，继续同样的活动。

Work in pairs. Ask your parther what sports he/she is a fan of, including the sports he/she likes to do and to watch. Swap roles after five minutes and continue.

六、拓展练习 Extended exercises

听力练习 Listening 10-3

1. 听第一遍录音，判断对错。

Listen to the recording and tell whether the following statements are true or false.

Ōuwén juéde Zhōngguó xuéshēng de zúqiú jìshù méiyǒu liúxuéshēng qiáng.
（1）欧文 觉得 中国 学生 的足球技术 没有 留学生 强。 （　）

Xiǎomíng shuō Zhōngguó xuéshēng de zúqiú jìshù gēn yǐqián chàbuduō.
（2）小明 说 中国 学生 的足球技术 跟 以前 差不多。 （　）

Tiánzhōng gǎnmào yǐhòu, qùguo yīyuàn.
（3）田中 感冒 以后，去过 医院。 （　）

Tiánzhōng dùzi téng.
（4）田中 肚子疼。 （　）

2. 听第二遍录音，选择正确答案。

Listen to the recording again and choose the right answers.

Liúxuéshēng duì gēn Zhōngguó xuéshēng bǐsàiguo jǐ cì?
（1）留学生 队 跟 中国 学生 比赛过 几 次？

yí cì / liǎng cì / sān cì
A. 一次　B. 两次　C. 三次

Zhōngguó xuéshēng yíngle jǐ cì?
（2）中国 学生 赢了 几 次？

yí cì / liǎng cì / sān cì
A. 一次　B. 两次　C. 三次

Tiánzhōng wèikǒu zěnmeyàng?
（3）田中 胃口 怎么样？

hěn bù hǎo / hái kěyǐ / búcuò
A. 很不好　B. 还可以　C. 不错

Hǎilún juéde Tiánzhōng bù néng cānjiā dehuà, jiéguǒ huì zěnmeyàng?
（4）海伦 觉得 田中 不 能 参加 的话，结果 会 怎么样？

yídìng néng yíng / huì shū de / líng bǐ líng
A. 一定能赢　B. 会输的　C. 零比零

阅读练习 Reading

今天是周末，欧文和朋友晚上聚会。小明______(dài)来了一个女生，高高的______(gèzi)，长长的头______(fa)，长得很漂亮。小明给大家______(jiè)绍说，她叫黄丽，是自己的女朋友，互相已经非常______(liǎo)解了。黄丽二胡拉______(de)特别好，欧文从上个星期开始学习拉二胡，已经______(huì)拉一点儿了，就让黄丽听他拉二胡。黄丽听了以后，觉得欧文有______(jìn)步，还得加______(yóu)。

1. 根据拼音填写汉字。Fill in the blanks with characters according to the *pinyin*.

2. 根据短文内容连线。

Match the persons with the actions / descriptions according to the passage.

	gānggāng xuéxí lā èrhú 刚刚 学习 拉 二胡
	dàilaile nǚpéngyou 带来了 女朋友
Ōuwén 欧文	hěn liǎojiě Huáng Lì 很 了解 黄 丽
Xiǎomíng 小明	lā èrhú de shuǐpíng hěn gāo 拉 二胡 的 水平 很 高
Huáng Lì 黄 丽	děi nǔlì 得 努力
	zhǎng de hěn hǎokàn 长 得 很 好看
	xué de bú kuài 学 得 不 快

3. 选词填空。Choose the right word for each blank.

Tā méiyǒu xuéguo yòng wēixìn, dāngrán bù ( ) yòng.
(1) 他 没有 学过 用 微信，当然 不 ( ) 用。
néng A. 能　huì B. 会　kěyǐ C. 可以

Wǒ dùzi bù shūfu, xiànzài ( ) chī fàn.
(2) 我 肚子 不 舒服，现在 ( ) 吃 饭。
bù xiǎng A. 不 想　búyòng B. 不用　bú yào C. 不 要

Tiānqì hěn bù hǎo, míngtiān ( ) xià yǔ ba.
(3) 天气 很 不好，明天 ( ) 下 雨 吧。
huì A. 会　néng B. 能　kěyǐ C. 可以

Zuò gōnggòngqìchē ( ) zuò dìtiě màn duō le.
(4) 坐 公共汽车 ( ) 坐 地铁 慢 多 了。
bǐ A. 比　yǒu B. 有　gēn C. 跟

Nǐ de jìshù ( ) wǒ zhème gāo ma?
(5) 你 的 技术 ( ) 我 这么 高 吗？
bǐ A. 比　yǒu B. 有　gēn C. 跟

Nǐ shuō ( ) Hànyǔ hěn biāozhǔn.
(6) 你 说 ( ) 汉语 很 标准。
de A. 的　de B. 得

Nǐ shuō Hànyǔ shuō ( ) hěn biāozhǔn.
(7) 你 说 汉语 说 ( ) 很 标准。
de A. 的　de B. 得

Míngtiān xīngqītiān, wǒ zài jiā xuéxí, bù ( ).
(8) 明天 星期天，我 在 家 学习，不 ( )。
chūqu A. 出去　jìnqu B. 进去　shàngqu C. 上去

Chūzūchē yǐjīng ( ) le, zài děng wǒmen.
(9) 出租车 已经 ( ) 了，在 等 我们。
guòlai A. 过来　guòqu B. 过去　huíqu C. 回去

Shūdiàn ( ) dìtiězhàn de dōngbian.
(10) 书店 ( ) 地铁站 的 东边。
zài A. 在　yǒu B. 有　shì C. 是

4. 为括号里的词语选择正确的位置。Put the words in the appropriate places.

Tā bù xiǎng zuò dìtiě qù . le
(1) 他 不 想 A 坐 B 地铁 C 去 D。(了)

Nǐ shì zěnme rènshi tā ? de
(2) 你 A 是 怎么 B 认识 C 他 D？(的)

Wǒ xiànzài yào shàng lóu . qù
（3）我 现在A要B 上 C楼D。（去）

Tā zuìjìn chī de duō, shòu le. bù
（4）他A最近B吃C得D多，瘦 了。（不）

Nǐ chuān zhè jiàn yīfu hěn piàoliang, zài nǎr mǎi de? de
（5）你A穿B这 件C衣服 很 漂亮D，在哪儿 买 的？（的）

Tā méiyǒu gàosu tā de diànhuà hàomǎ . wǒ
（6）他 没有 A 告诉B他的C电话 号码D。（我）

Tā wǒ míngtiān gěi tā fā yí gè duǎnxìn. ràng
（7）他A我B明天C给他D发一个 短信。（让）

Tā gǎnmào le, jīntiān qù yīyuàn kàn bìng. děi
（8）他 感冒 了，今天A去B医院C看D病。（得）

Wǒ měi tiān gěi nǚpéngyou fā duǎnxìn . liǎng cì
（9）我A每天给B女朋友 发C短信D。（两次）

Wǒ juéde xià xuě xià yǔ hǎo . bǐ
（10）我 觉得A下雪B下雨C好D。（比）

生词表

Vocabulary

生词 New word	拼音 *Pinyin*	课号 Lesson
A		
AA 制	AA zhì	4
矮	ǎi	6
B		
把	bǎ	8
白	bái	6
白天	báitiān	4
办	bàn	7
北	běi	1
北边	běibian	1
北方	běifāng	1
比	bǐ	9
比	bǐ	10
比较	bǐjiào	6
边	bian	1
标准	biāozhǔn	8
不过	búguò	6
C		
差不多	chàbuduō	9
长	cháng	6
城市	chéngshì	1
充值	chōng zhí	2
春天	chūntiān	9
D		
打的	dǎ dī	7
打针	dǎ zhēn	3
带	dài	4
担心	dān xīn	2
但是	dànshì	5
蛋糕	dàngāo	3
……的时候	……de shíhou	7
得	děi	2
低	dī	9
第	dì	3
电梯	diàntī	7
东边	dōngbian	1
冬天	dōngtiān	9
度	dù	3
短信	duǎnxìn	4
队	duì	10
E		
二胡	èrhú	8
F		
发	fā	2
发烧	fā shāo	3
方便	fāngbiàn	1
房间	fángjiān	10
费	fèi	8
扶梯	fútī	7
服务	fúwù	2
付	fù	8
G		
感冒	gǎnmào	3
刚（刚）	gāng (gāng)	2
高	gāo	3
个子	gèzi	6

生词 New word	拼音 *Pinyin*	课号 Lesson
更	gèng	9
公交卡	gōngjiāokǎ	7
刮	guā	9
H		
还是	háishi	5
后门	hòumén	7
互相	hùxiāng	8
坏	huài	5
环境	huánjìng	1
黄	huáng	6
J		
机会	jīhuì	10
挤	jǐ	7
技术	jìshù	10
加油	jiā yóu	10
家教	jiājiào	8
交通	jiāotōng	1
教室	jiàoshì	4
结果	jiéguǒ	8
结束	jiéshù	10
介绍	jièshào	2
紧张	jǐnzhāng	10
进步	jìnbù	5
精彩	jīngcǎi	10
就	jiù	7
聚会	jùhuì	4
K		
卡	kǎ	2
看病	kàn bìng	3
可能	kěnéng	3
客人	kèrén	4
L		
拉肚子	lā dùzi	3

生词 New word	拼音 *Pinyin*	课号 Lesson
拉二胡	lā èrhú	8
懒	lǎn	5
老	lǎo	4
老家	lǎojiā	1
老人	lǎorén	7
冷	lěng	9
离	lí	1
礼尚往来	lǐshàngwǎnglái	4
礼物	lǐwù	8
凉快	liángkuai	9
量	liáng	3
了解	liǎojiě	5
M		
马上	mǎshàng	4
迷	mí	10
N		
南	nán	1
南方	nánfāng	1
能	néng	2
年轻	niánqīng	7
年轻人	niánqīngrén	7
牛奶	niúnǎi	3
农村	nóngcūn	1
努力	nǔlì	5
暖和	nuǎnhuo	9
P		
胖	pàng	5
跑步	pǎo bù	5
皮肤	pífū	6
普通话	pǔtōnghuà	8
Q		
前门	qiánmén	7
强	qiáng	10

生词 New word	拼音 *Pinyin*	课号 Lesson
巧	qiǎo	6
清楚	qīngchu	4
请客	qǐng kè	4
秋天	qiūtiān	9
R		
热	rè	9
热闹	rènao	1
人气	rénqì	4
容易	róngyì	2
入口	rùkǒu	7
S		
山	shān	1
商店	shāngdiàn	1
上网	shàng wǎng	2
生活	shēnghuó	1
实力	shílì	10
世界杯	shìjièbēi	10
手写	shǒuxiě	2
售票机	shòupiàojī	7
瘦	shòu	5
舒服	shūfu	3
输	shū	10
输入法	shūrùfǎ	2
熟人	shúrén	8
刷	shuā	7
帅	shuài	6
T		
T恤	T xù	6
台风	táifēng	9
讨价还价	tǎojià-huánjià	5
特别	tèbié	8
疼	téng	3
踢	tī	6

生词 New word	拼音 *Pinyin*	课号 Lesson
体温	tǐwēn	3
天气	tiānqì	9
田野	tiányě	1
同屋	tóngwū	6
同学	tóngxué	4
头	tóu	3
头发	tóufa	6
头疼	tóuténg	3
投入	tóurù	7
W		
微信	wēixìn	2
胃口	wèikǒu	3
温度	wēndù	9
问	wèn	4
X		
西边	xībian	1
习惯	xíguàn	5
洗手间	xǐshǒujiān	3
下	xià	2
下雪	xià xuě	9
下雨	xià yǔ	9
夏天	xiàtiān	9
先	xiān	3
详细	xiángxì	6
消息	xiāoxi	8
小学	xiǎoxué	1
新	xīn	1
新鲜	xīnxiān	1
休息	xiūxi	3
需要	xūyào	2
学费	xuéfèi	8
雪	xuě	9

生词 New word	拼音 *Pinyin*	课号 Lesson
Y		
眼睛	yǎnjing	6
演奏	yǎnzòu	8
样子	yàngzi	6
要求	yāoqiú	8
药	yào	3
一……就……	yī…… jiù……	2
医院	yīyuàn	3
一定	yídìng	1
一样	yíyàng	9
以后	yǐhòu	5
以前	yǐqián	5
一般	yìbān	7
意思	yìsi	8
应该	yīnggāi	2
赢	yíng	10
硬币	yìngbì	7
雨	yǔ	9
语伴	yǔbàn	4
预报	yùbào	9
预约	yùyuē	4
越来越	yuèláiyuè	5
运气	yùnqi	10
Z		
站	zhàn	1
长	zhǎng	6
种	zhǒng	2
注册	zhù cè	2
转播	zhuǎnbō	10
自动	zìdòng	7
足球	zúqiú	6
最	zuì	5
左右	zuǒyòu	9

录音文本

Listening script

第一课

听力练习 Listening 01-3

Ōuwén: Wénlì, nǐ jiā zài nǎr? Lí wǒmen xuéxiào yuǎn bù yuǎn?
欧文：文丽，你家在哪儿？离我们学校远不远？

Wáng Wénlì: Xuéxiào zài chéngshì de nánbian, wǒ jiā zài chéngshì běibian, lí zhèli fēicháng yuǎn.
王　文丽：学校在城市的南边，我家在城市北边，离这里非常远。

Ōuwén: Nǐ jiā fùjìn yǒu dìtiězhàn ma?
欧文：你家附近有地铁站吗？

Wáng Wénlì: Zhǐ yǒu gōngjiāochēzhàn, wǒ qí zìxíngchē lái xuéxiào.
王　文丽：只有公交车站，我骑自行车来学校。

Ōuwén: Nǐ jiā huánjìng zěnmeyàng?
欧文：你家环境怎么样？

Wáng Wénlì: Huánjìng búcuò, wǒ jiā hòumiàn yǒu yí gè xiǎo shān, xiǎo shān hòubian hái yǒu yí gè gōngyuán.
王　文丽：环境不错，我家后面有一个小山，小山后边还有一个公园。

Ōuwén: Shēnghuó fāngbiàn ma?
欧文：生活方便吗？

Wáng Wénlì: Wǒ jiā zuǒbian yǒu dà chāoshì, fàndiàn, yòubian yǒu shūdiàn, yínháng, fēicháng fāngbiàn.
王　文丽：我家左边有大超市、饭店，右边有书店、银行，非常方便。

Ōuwén: Zhēn shì hǎo dìfang.
欧文：真是好地方。

第二课

听力练习 Listening 02-3

Kǎmǎlā: Wénlì, nǐ huì qí zìxíngchē ma?
卡玛拉：文丽，你会骑自行车吗？

Wáng Wénlì: Huì, wǒ měi tiān dōu qí zìxíngchē qù shàng kè.
王 文丽：会，我每天都骑自行车去上课。

Kǎmǎlā: Wǒ xiǎng xuéxí qí zìxíngchē, nǐ néng jiāo wǒ ma?
卡玛拉：我想学习骑自行车，你能教我吗？

Wáng Wénlì: Xíng, nǐ xiǎng shénme shíhou xué?
王 文丽：行，你想什么时候学？

Kǎmǎlā: Wǒ měi tiān xiàwǔ dōu yǒu kòngr.
卡玛拉：我每天下午都有空儿。

Wáng Wénlì: Wǒ xīngqīyī, sān, sì xiàwǔ yǒu kè, bù néng jiāo. Bié de shíjiān yīnggāi yǒu kòngr.
王 文丽：我星期一、三、四下午有课，不能教。别的 (other) 时间应该有空儿。

Kǎmǎlā: Nà jiù xīngqī'èr, wǔ xiàwǔ jiāo wǒ.
卡玛拉：那就星期二、五下午教我。

Wáng Wénlì: Hǎo de. Kǎmǎlā, nǐ wèi shénme yào xuéxí qí zìxíngchē?
王 文丽：好的。卡玛拉，你为什么要学习骑自行车？

Kǎmǎlā: Qí zìxíngchē qù shàng kè, mǎi dōngxi hěn fāngbiàn.
卡玛拉：骑自行车去上课、买东西很方便。

Wáng Wénlì: Nǐ mǎi chē le ma?
王 文丽：你买车了吗？

Kǎmǎlā: Hái méiyǒu, wǒ xiǎng jīntiān xiàwǔ qù mǎi. Nǐ néng gēn wǒ yìqǐ qù ma?
卡玛拉：还没有，我想今天下午去买。你能跟我一起去吗？

Wáng Wénlì: Xíng. Xuéxiào zuǒbian jiù yǒu yì jiā zìxíngchēdiàn.
王 文丽：行。学校左边就有一家自行车店。

第三课

听力练习 Listening 03-3

Àimǎ shì fǎguórén, zài Zhōngguó xuéxí Hànyǔ, měi tiān fēicháng máng. Xīngqīyī, xīngqī'èr
爱玛是法国人，在中国学习汉语，每天非常忙。星期一、星期二

shàngwǔ hé xiàwǔ dōu yǒu kè, Àimǎ zhōngwǔ huí jiā chī fàn, xiàwǔ zài qù xuéxiào. Xīngqīsān méiyǒu
上午和下午都有课，爱玛中午回家吃饭，下午再去学校。星期三没有

kè, Àimǎ qù shìzhōngxīn de túshūguǎn xuéxí. Xīngqīsì cóng shàngwǔ dào wǎnshang dōu yǒu
课，爱玛去市中心的图书馆学习。星期四从上午到晚上都有

kè, Àimǎ sān dùn fàn dōu zài xuéxiào chī. Àimǎ xīngqīliù wǎnshang gěi zài Fǎguó de māma hé
课，爱玛三顿饭都在学校吃。爱玛星期六晚上给在法国的妈妈和

nánpéngyou dǎ diànhuà, xīngqītiān chī yí cì fǎguócài, wǎnshang qù chāoshì mǎi dōngxi. Tā qù de
男朋友打电话，星期天吃一次法国菜，晚上去超市买东西。她去的

nà jiā chāoshì lí xuéxiào bǐjiào yuǎn, dàjiā dōu shuō tā mǎi de dōngxi yòu piányi yòu hǎo.
那家超市离学校比较远，大家都说她买的东西又便宜又好。

第四课

听力练习 Listening 04-3

Wǒ shì Tiánzhōng, zài Rìběn de yì jiā gōngsī gōngzuò. Qùnián wǒmen gōngsī ràng wǒ lái
我是田中，在日本的一家公司工作。去年我们公司让我来

Zhōngguó liú xué. Wǒ de àiren hé nǚ'ér dōu bù xiǎng ràng wǒ lái, kěshì, liú xué yě shì gōngzuò,
中国留学。我的爱人和女儿都不想让我来，可是，留学也是工作，

dāngrán yào lái. Xiànzài wǒ zài Zhōngguó, wǒ ràng àiren měi tiān wǎnshang gěi wǒ dǎ yí cì
当然要来。现在我在中国，我让爱人每天晚上给我打一次

diànhuà, gàosu wǒ tāmen zěnmeyàng. Àiren jiào wǒ bú yào dān xīn. Xià gè xīngqītiān shì wǒ
电话，告诉我她们怎么样。爱人叫我不要担心。下个星期天是我

nǚ'ér de shēngrì, nǚ'ér jiào wǒ huí guó. Tāmen méiyǒu láiguo Zhōngguó, wǒ xiǎng jiào tāmen
女儿的生日，女儿叫我回国。她们没有来过中国，我想叫她们

lái Zhōngguó wánr. Wǒ de Zhōngguó péngyou shuō xiǎng qǐng tāmen chī běijīngkǎoyā.
来中国玩儿。我的中国朋友说想请她们吃北京烤鸭。

第五课

听力练习 Listening 05-3

Ōuwén: Hǎilún, nǐ shēntǐ hǎo xiē le ma?
欧文： 海伦，你 身体 好 些 了 吗？

Hǎilún: Jīntiān bù fā shāo le, dùzi yě bù téng le, dànshì háishi yǒu diǎnr tóuténg.
海伦： 今天 不发 烧 了，肚子也不 疼 了，但是 还是 有 点儿 头疼。

Ōuwén: Wèikǒu zěnmeyàng?
欧文： 胃口 怎么样？

Hǎilún: Háishi bù xiǎng chī fàn.
海伦： 还是 不 想 吃 饭。

Ōuwén: Tiánzhōng jīntiān wǎnshang qǐng wǒmen chī kǎoyā, nǐ qù bú qù?
欧文： 田中 今天 晚上 请 我们 吃 烤鸭，你 去 不 去？

Hǎilún: Wǒ bù néng qù, Ōuwén, nǐ yí gè rén qù ba.
海伦： 我 不 能 去，欧文，你 一 个 人 去 吧。

Ōuwén: Wǒ yě bù xiǎng qù le.
欧文： 我 也 不 想 去 了。

Hǎilún: Nǐ shēntǐ yě bù shūfu?
海伦： 你 身体 也 不 舒服？

Ōuwén: Duì, zuótiān jiù bù tài xiǎng chī dōngxi, jīntiān yǒu diǎnr tóuténg, fā shāo, kěnéng yě
欧文： 对，昨天 就 不 太 想 吃 东西，今天 有 点儿 头疼，发 烧， 可能 也

gǎnmào le.
感冒 了。

Hǎilún: Nǐ gěi Tiánzhōng fà gè duǎnxìn hǎo ma? Gàosu tā wǒmen shēntǐ dōu bù hǎo, bù
海伦： 你 给 田中 发 个 短信 好 吗？ 告 诉 他 我们 身体 都 不 好，不

néng qù chī fàn le
能 去 吃 饭 了。

第六课

听力练习 Listening 06-3

Ōuwén hé Tiánzhōng shì tóngwū, yě shì hǎo péngyou. Ōuwén gāogāo de, pàngpàng de, tóufa
欧文 和 田中 是 同屋，也 是 好 朋友。 欧文 高高 的， 胖胖 的，头发

huánghuáng de; Tiánzhōng ǎiǎi de, shòushòu de, tóufa hēihēi de. Ōuwén měi tiān shuì de bǐjiào
黄黄 的；田中 矮矮的，瘦瘦 的，头发 黑黑 的。欧文 每 天 睡 得 比较

wǎn, qǐ de bǐjiào zǎo; Tiánzhōng měi tiān shuì de bǐjiào zǎo, qǐ de bǐjiào wǎn. Ōuwén Hànyǔ shuō de
晚，起 得 比较 早； 田中 每 天 睡 得 比较 早，起 得 比较 晚。 欧文 汉语 说 得

hěn hǎo, Hànzì xiě de bú tài hǎo; Tiánzhōng Hànyǔ shuō de bǐjiào hǎo, Hànzì xiě de yòu kuài yòu hǎo.
很 好，汉字 写 得 不 太 好； 田中 汉语 说 得 比较 好，汉字 写 得 又 快 又 好。

Tāmen dōu xǐhuan tī zúqiú, tī de dōu hěn hǎo, chángcháng yìqǐ tī qiú.
他们 都 喜欢 踢足球，踢 得 都 很 好， 常常 一起 踢 球。

第七课

听力练习 Listening 07-3

Nán: Wèi, nǐ zài gàn shénme? Zěnme hái méiyǒu xiàlai?
男：喂，你 在 干 什么？ 怎么 还 没有 下来？

Nǚ: Wǒ zài zhǎo gōngjiāokǎ.
女：我 在 找 公交卡。

Nán: Nǐ kuài xiàlai ba, chūzūchē mǎshàng yào lái le.
男：你 快 下来 吧，出租车 马上 要 来 了。

Nǚ: Nǐ zuótiān chūqu de shíhou shì bú shì yòngguo?
女：你 昨天 出去 的 时候 是 不 是 用过？

Nán: Duì. Wǒ de diànnǎo qiánmiàn yǒu ma?
男：对。我 的 电脑 前面 有 吗？

Nǚ: Wǒ kànguo le, méiyǒu. Nǐ shànglai zhǎo yíxià.
女：我 看过 了，没有。你 上来 找 一下。

Nán: Chē lái le, nǐ xiàlai ba. Búyòng dài gōngjiāokǎ le, dài qián ba.
男：车 来 了，你 下来 吧。 不用 带 公交卡 了，带 钱 吧。

Nǚ: Nǐ dài qián le ma?
女：你 带 钱 了 吗？

Nán: Wàng dài le.
男：忘 带 了。

Nǚ: Wǒ dài ba.
女：我 带 吧。

第八课

听力练习 Listening

08-3

Kǎmălā: Jīntiān shì Hǎilún de shēngrì, wǒmen sòng tā shénme lǐwù ne?
卡玛拉：今天 是 海伦 的 生日， 我们 送 她 什么 礼物 呢？

Ōuwén: Kǎmălā, nǐ xiǎng sòng tā shénme lǐwù?
欧文：卡玛拉，你 想 送 她 什么 礼物？

Kǎmălā: Nǐ zhīdào tā xǐhuan shénme ma?
卡玛拉：你 知道 她 喜欢 什么 吗？

Ōuwén: Bú tài qīngchu.
欧文：不 太 清楚。

Kǎmălā: Wǒmen yìqǐ sòng tā yí gè shēngrì dàngāo ba.
卡玛拉：我们 一起 送 她 一 个 生日 蛋糕 吧。

Ōuwén: Hǎo. Wǒ péngyou gàosu wǒ xuéxiào pángbiān yǒu yì jiā hěn yǒu rénqì de dàngāodiàn.
欧文：好。我 朋友 告诉 我 学校 旁边 有 一 家 很 有 人气 的 蛋糕店。

Kǎmălā: Nǐ qùguo ma?
卡玛拉：你 去过 吗？

Ōuwén: Méiyǒu. Wǒ mǎshàng dǎ diànhuà wèn yíxià péngyou nà jiā dàngāodiàn zài nǎr.
欧文：没有。我 马上 打 电话 问 一下 朋友 那 家 蛋糕店 在 哪儿。

Kǎmălā: Ōuwén, nǐ xià kè xià de zǎo, wǒ xià de wǎn, nǐ huíqu de shíhou mǎi yíxià hǎo ma?
卡玛拉：欧文，你 下 课 下 得 早，我 下 得 晚，你 回去 的 时候 买 一下 好 吗？

Ōuwén: Bù hǎo yìsi, wǒ jīntiān chūlai wàngle dài qián.
欧文：不 好 意思，我 今天 出来 忘了 带 钱。

Kǎmălā: Méi guānxi, wǒ xiān gěi nǐ liǎng bǎi kuài qián.
卡玛拉：没 关系，我 先 给 你 两 百 块 钱。

Ōuwén: Xièxie.
欧文：谢谢。

第九课

听力练习 Listening 09-3

Ōuwén qùnián jiǔ yuè lái Zhōngguó xuéxí Hànyǔ, tā lái Zhōngguó yǐqián méiyǒu xuéguo Hànyǔ,
欧文 去年 九 月 来 中国 学习 汉语，他 来 中国 以前 没有 学过 汉语，

dànshì xiànzài yǐjīng huì shuō yìxiē Hànyǔ le. Ōuwén yǒu gè dìdi, jīnnián qī yuè yě xuéxí Hànyǔ
但是 现在 已经 会 说 一些 汉语 了。欧文 有 个 弟弟，今年 七 月 也 学习 汉语

le, jiǔ yuè lái Zhōngguó, gēn gēge zài yí gè dàxué xuéxí. Ōuwén de dìdi jīnnián shíqī suì, bǐ
了，九 月 来 中国，跟 哥哥 在 一 个 大学 学习。欧文 的 弟弟 今年 十七 岁，比

Ōuwén xiǎo sān suì, dànshì bǐ Ōuwén gāo, yě bǐ Ōuwén shuài. Dìdi xuéxí gèng nǔlì, jìnbù tèbié
欧文 小 三 岁，但是 比 欧 文 高，也 比 欧文 帅。弟弟 学习 更 努力，进步 特别

kuài. Tā shuō míngnián tā de Hànyǔ yídìng huì bǐ gēge hǎo.
快。他 说 明年 他的 汉语 一定 会 比 哥哥 好。

第十课

听力练习 Listening 10-3

Hǎilún: Ōuwén, míngtiān liúxuéshēng zúqiúduì gēn Zhōngguó xuéshēng bǐsài, nǐ cānjiā ma?
海伦： 欧文， 明天 留学生 足球队 跟 中国 学生 比赛，你 参加 吗？

Ōuwén: Dāngrán cānjiā. Hǎilún, nǐ lái gěi wǒmen jiā yóu ba.
欧文： 当然 参加。海伦，你 来 给 我们 加 油 吧。

Hǎilún: Wǒ shì zúqiúmí, yídìng lái. Tīngshuō Zhōngguó xuéshēng tī de hěn hǎo, yǒu de rén
海伦： 我 是 足球迷，一定 来。听说 中国 学生 踢得 很 好，有 的 人

pǎo de fēicháng kuài, nǐmen néng yíng ma?
跑 得 非常 快，你们 能 赢 吗？

Ōuwén: Wǒmen de jìshù bǐ tāmen qiáng, yīnggāi néng yíng. Yǐqián wǒmen bǐguo, wǒmen
欧文： 我们 的 技术 比 他们 强， 应该 能 赢。以前 我们 比过，我们

yíngle liǎng cì, shūle yí cì.
赢了 两 次，输了 一 次。

Hǎilún: Xiǎomíng gàosu wǒ Zhōngguó xuéshēng xiànzài tī de hǎo duō le.
海伦： 小明 告诉 我 中国 学生 现在 踢得 好 多 了。

Ōuwén: Wǒ yě yǒu xiē dān xīn. Tiánzhōng gǎnmào le, zài fā shāo, chī de yě fēicháng shǎo.
欧文： 我 也 有 些 担 心。田中 感冒 了，在 发 烧，吃 得 也 非常 少。

Hǎilún: Tiánzhōng tī de fēicháng hǎo. Tā qù yīyuàn le ma?
海伦：田中 踢得 非常 好。他去 医院 了 吗？

Ōuwén: Qùguo le. Tā zuótiān hé jīntiān dōu zài xiūxi.
欧文：去过 了。他 昨天 和 今天 都 在 休息。

Hǎilún: Xiǎng yíng dehuà, jiù děi qǐng Tiánzhōng cānjiā.
海伦：想 赢 的话，就 得 请 田中 参加。

Ōuwén: Shì a, zěnme bàn ne?
欧文：是 啊，怎么 办 呢？